Nicole Lindner

Feinfühligkeit trifft auf Berufsleben

Wie Sie Beruf und Ihr Naturell in Einklang bringen können

Für Inge
Du hast den S
ins Rollen gebra

dielus
dielus edition
Bücher für ein besseres Leben

Feinfühligkeit trifft auf Berufsleben, Nicole Lindner

Dieses Buch wird von einem unabhängigen Buchverlag verlegt. Es wird versichert, dass keine Beteiligungen durch internationale Investorengruppen, Großverlage oder sonstige Konzerne bestehen. Der Inhalt dieses Ratgebers folgt ausschließlich unabhängigen und fachlich orientierten Gesichtspunkten.

Hintergrundgrafik Umschlag sowie dreimal im Innenteil:	©iStock.com/simoningate
Bilder Innenteil:	©iStock.com/bortonia, ©iStock.com/MicrovOne, ©iStock.com/Cat_Chat und ©iStock.com/duleloncar_ns,
Umschlaggestaltung:	dielus edition
Lektorat:	Maren Klingelhöfer, www.maren-klingelhoefer.de
ISBN:	978-3-9820125-5-1

Made and printed in Germany

Bibliografische Information der Deutschen Bibliothek: Die Deutsche Bibliothek verzeichnet diese Publikation in der Deutschen Nationalbibliografie; detaillierte bibliografische Daten sind im Internet abrufbar über https://portal.d-nb.de

Nicole Lindner

Feinfühligkeit trifft auf Berufsleben

Inhaltsverzeichnis

Vorwort

Liebe Leserin, lieber Leser, darf ich mich vorstellen? Ich bin Nicole von www.meinweg-deinweg.de – einer Plattform für feinfühlige Menschen, die das Leben in seiner Tiefe erfahren und sich persönlich und beruflich weiterentwickeln wollen. Dass ich dieses Buch schreiben will, spukte mir schon länger im Kopf herum. Kommen doch tagtäglich Scharen von Leuten auf meine Website und verschlingen einen ganz bestimmten Artikel. Du willst wissen, welchen? Das kann ich dir sagen. Diesen: „Hochsensibilität – welcher Beruf passt zu mir?"

Das zeigt mir, dass es offensichtlich sehr viele Menschen gibt, die auf der Suche nach einer Arbeitsform sind, die zu ihrer sensiblen Natur passt. Diese Resonanz habe ich ursprünglich gar nicht erwartet, als ich den Artikel vor längerer Zeit schrieb. Stattdessen war ich der Meinung, „das mit der richtigen Berufssuche" wäre immer nur mein leidiges, scheinbar nie endendes Lebensthema. Ein Einzelfall. *Mein* Einzelfall. Aber da habe ich mich definitiv getäuscht! Viele meiner feinfühligen Leser erkennen sich in meinen Erlebnissen und Erfahrungen wieder und berichten mir davon. Dabei gibt es zu diesem Thema so viel mehr zu sagen, als ich in einem kurzen 2000-Zeichen-Blogartikel jemals unterbringen konnte.

Falls du jetzt noch Zweifel hast: Ja, es stimmt. Auch ich war eine dieser dünnhäutigen Suchenden, die lange in den falschen Jobs herumlungerte und deswegen immer wieder Rotz und Wasser heulte. Seit meinem 16. Lebensjahr war es *das* Drama meines Lebens. Während alle um mich herum im Laufe der Jahre ihren Platz fanden, schwirrte ich umher wie ein orientierungsloses Bienchen: von einer Blüte zur nächsten, doch die richtige war nie dabei. Natürlich kämpfte ich gegen diesen unbefriedigenden Zustand. Ich verschlang Bücher über Bücher, absolvierte Ausbildungen, studierte, flüchtete ins Ausland, wechselte Jobs – nur schlauer wurde ich bei meiner Suche nicht. Eher immer verwirrter. Auch fragte ich mich ständig: *„Was ist nur los, dass du einfach nicht den passenden Job findest?"* Oder: *„Was stimmt denn nur nicht mit dir?"*

In dieser ganzen beruflichen Misere wurde mir jedoch irgendwann etwas scheinbar ganz Banales klar: Ich bin emotional verwundbarer als andere, leichter aus der Bahn zu werfen, schneller verunsichert, habe ein größeres Ruhebedürfnis und einen extrem ausgeprägten Drang nach Harmonie und Nächstenliebe. Kurz: Meine Haut ist dünner als die der anderen. Das ist Fakt.

Die Konsequenz daraus: Ich muss damit umgehen lernen, egal wie meine Umwelt darüber denkt. Mit dieser Erkenntnis wandelte sich mein berufliches Drama Stück für Stück hin zu einer Lebensform, die mir und meinem Wesen viel besser entsprach. Ich wagte neue berufliche Herausforderungen, gab nicht auf, und siehe da: Heute geht es mir gut und ich bin beruflich *endlich* am richtigen Platz – mit (oder vielleicht sogar *wegen*!) meiner Sensibilität. Gerade meine Feinfühligkeit ist die Inspiration für meine Tätigkeit als Sozialpädagogin und meinweg-deinweg-Bloggerin. Heute fühle ich Dankbarkeit und Freude – und zwar an jedem einzelnen Tag meines neuen, so lange und heiß ersehnten Berufslebens. Bis ich aber zu diesem wunderbaren Punkt kam, musste ich viele Dinge radikal ändern. Ich musste mich selbst unter die Lupe nehmen, Einschnitte machen, eigene Grenzen akzeptieren, Nein sagen, mich freistrampeln. Ja, manchmal auch Menschen vor den Kopf stoßen (der absolute Horror für einen zurückhaltenden Menschen, wie du bestimmt wissen wirst!). Dass das nicht immer auf Gegenliebe trifft, dürfte klar sein. Doch mittlerweile ist mir das glücklicherweise egal – meistens zumindest. Mein neues, zu mir und meinem Wesenszug viel besser passendes Credo lautet: Ich bin *ich*, und das ist *gut* so.

Nur wenn ich so lebe, lebe ich gut. Nur dann bin ich erfüllt. Das und nicht weniger wünsche ich dir auch. Dieses Buch schreibe ich also für dich, liebe(r) empfindsame(r) Suchende(r). Du sollst nicht dieselben Erfahrungen machen wie meine zahlreichen Leser und ich. Und falls doch, können diese zumindest wegweisend für eine neue positive Richtung in deinem Leben sein. Das Ziel dieses Buches: Du sollst endlich die Arbeitsform finden, die zu dir passt. Und diese Arbeitsform soll dir Sinn, Zufriedenheit und persönliches Wohlbefinden schenken – und das nicht nur heute oder morgen, sondern dauerhaft! Ist das nicht eine ganz wunderbare und erstrebenswerte Vorstellung?

Hier und heute kann ich dir wirklich aus eigener Erfahrung versichern:

Feinfühligkeit und Zufriedenheit im Beruf müssen *keine* Gegensätze sein.

Im Gegenteil: Der Beruf kann dir Freude machen, was dir die Fähigkeit verleiht, das Beste aus dir herauszuholen. Damit dir dies gelingt, musst du dich jedoch sehr gut kennen und offen für eine alternative Denk- und Handlungsweise sein. Keine Sorge, in diesem Buch zeige ich dir Schritt für Schritt, wie du das machst. Es handelt sich dabei um einen Ratgeber, der sich aus persönlichen Erfahrungsberichten feinfühliger Menschen, umfangreicher Recherche der Fachliteratur, fundierten Experteninterviews, im Alltag erprobten Tipps und nicht zuletzt aus meinen eigenen Impulsen als introvertierte Fachfrau zusammensetzt. Dieses Buch soll dir also eine Vielzahl an Informationen und Vorschlägen für ein erfülltes Berufsleben an die Hand geben.

Wenn ich jetzt so auf meine eigene berufliche Laufbahn zurückschaue, bin ich mittlerweile der Meinung, dass es nicht nur einen Weg gibt, der empfindsame Menschen wie uns ans Ziel bringt – es können auch viele unterschiedliche sein. Ihre Summe ist es dann, die am Ende das große Ganze ergibt: eine Tätigkeit, die du liebst.

Ein paar organisatorische Anmerkungen: Zum besseren Verständnis habe ich das Geschriebene in die Kapitel „Berufliche Neuorientierung“ und „Berufsalltag“ untergliedert. Für sensible Menschen ist es meist nicht nur damit getan, den passenden Job zu finden. Es ist auch nötig, *im* Job auf sich Acht zu geben und gewisse Verhaltensweisen zu befolgen, die dem eigenen feinfühligen Wesen entgegenkommen. Beachtest du das nicht, läufst du Gefahr, frustriert zu werden, und das, was du dir so mühsam erarbeitet hast, ganz schnell wieder zu verlieren.

Was noch wichtig ist: Ich verwende im Buch verschiedene Begriffe für dein feinfühliges Naturell und beziehe mich dabei in der Hauptsache auf introvertierte und/oder (hoch-)sensible Menschen. Das zeigt dir, dass es auch bei diesem Thema Abstufungen und unterschiedliche Ausprägungen gibt. Einiges, was ich beschreibe, wird deshalb nicht zu hundert Prozent auf dich zutreffen, in anderen Fällen wiederum denkst du: *„Ganz klar, geht mir doch genauso!"* Das ist völlig normal und gut so. Sieh dieses Buch und die darin enthaltenen Vorschläge einfach als Leitfaden an und ziehe für dich das heraus, was du in deiner jeweiligen Situation als sinnvoll erachtest.

Ach ja, bevor ich es vergesse: Für deine Reise gebe ich dir noch zwei Wegbegleiter mit, die ich auch in meinen Selbstcoachingkursen verwende:

Dieser Spiegel steht für Sequenzen, durch die du dich selbst besser kennenlernen kannst – du schaust praktisch in einen Spiegel, der dir zeigt, wer du bist.

Diese Sonnenblume steht für die Quintessenz, die sich aus dem Geschriebenen eines jeden Abschnitts ergibt. Ich fasse es für dich an dieser Stelle noch einmal kurz zusammen.

So. Genug erzählt. Bereit für einen neuen Weg? Super! Gleich geht es los. Eine gute Zeit mit viel Inspiration wünsche ich dir!

Deine Nicole

1

Berufliche Neuorientierung

DIESES KAPITEL IST PASSEND FÜR DICH, WENN DU ...

- gerade in einem Job gefangen bist, in dem du dich denkbar unwohl fühlst und dir alles irgendwie sinnlos erscheint,
- dir eine berufliche Veränderung wünschst, aber keinen blassen Schimmer hast, wie du es anstellen sollst,
- dich jeden Morgen mit einem blöden Gefühl zur Arbeit kämpfst,
- die Sekunden bis zum nächsten Urlaub zählst,
- nach einer Vision für dein künftiges Berufsleben suchst,
- deine Kündigung schon tausendmal in Gedanken formuliert hast, dich aber scheust, Nägel mit Köpfen zu machen.

1.1 Um so manche Erfahrung reicher:

Jobabstürze und Feinfühligkeit

Willkommen in diesem Buch. Schön, dass du hierher gefunden hast. Ich vermute, dein Anliegen ist dieses: Du bist ein feinfühliger Mensch und auf der Suche nach der passenden beruflichen Tätigkeit? Genau dieses Problem gehen wir jetzt gemeinsam an.

Dabei verspreche ich dir gleich zu Anfang: Hier drin, in diesem Buch, findest du eine Heimat. Hier findest du jemanden, der dich versteht, jemanden, der dir zuhört, dich begleitet – und jemanden, der noch vor wenigen Jahren ebenso verzweifelt war, wie du es vielleicht gerade bist. Du meinst, ich als Fremde kann niemals nachfühlen, wie es dir im Moment in deinem Leben ergeht? Hm. Lassen wir's darauf ankommen. Ich spiele jetzt mal Wahrsagerin und stelle ein paar Vermutungen an, Vermutungen über deinen Gefühlszustand. Wahrscheinlich bist du …

- frustriert, weil alles Berufliche, das du machst, irgendwie unbefriedigend ist.
- ängstlich, weil du schon so viele schlechte Erfahrungen gemacht hast.
- genervt, weil du Sätze wie *„Ach* … (hier steht dein Name), *such dir doch endlich einen Job, den du nicht nach fünf Tagen wieder hinschmeißt! Das kann doch nicht so schwer sein, die anderen schaffen es doch auch!"* schon tausendundeinmal gehört hast und sie dich in den Wahnsinn treiben.

- orientierungslos, weil du einfach nicht weißt, wie du es anpacken sollst, damit es endlich besser wird.
- einsam, weil niemand dich versteht und keiner mehr nachvollziehen kann, was dein eigentliches Problem ist.

Stimmt's? Oh ja, das alles kenne ich gut. Ich litt ebenfalls unter diesen Problemen, bis ich endlich meine berufliche Traumkonstellation fand. Die Zeit davor aber kratzte enorm an meinem Selbstwertgefühl. Wie viel leichter wäre es doch gewesen, hätte ich schon von Anfang an gewusst, dass ich im Job auf ein paar mehr Variablen achten muss als ein „normaler" (und das ist jetzt nicht abwertend gemeint) Arbeitnehmer. Warum? Weil ich introvertiert und hochsensibel bin – eine manchmal nicht ganz so einfache Kombi. Das kann zu negativen Erfahrungen im Berufsleben führen. Doch mit diesen Erfahrungen bin ich nicht alleine – viele meiner Blogleser teilen sie, egal ob sie nun introvertiert, schüchtern, hochsensibel oder zart besaitet sind.

Bevor wir aber näher darauf eingehen, ist es Zeit für eine kleine Begriffsklärung. Denn nicht jeder kann wahrscheinlich auf Anhieb mit diesen unterschiedlichen Begriffen etwas anfangen.

Beginnen wir mit der „Introversion". Ich bin ziemlich sicher, dass du dir unter einer introvertierten Persönlichkeit (ich werde sie im Verlauf dieses Buches wertfrei einige Male „Intro" nennen) auf Anhieb etwas vorstellen kannst. Wenn du ein eher introvertierter Typ bist, wirst du dich wahrscheinlich in diesem Beispiel einer meiner Blogleserinnen wiedererkennen. Sie beschreibt sich folgendermaßen:

„Ich war immer schon ein sehr ruhiger Mensch. Schon als Kind liebte ich das Alleinsein und spielte stundenlang mit meinen Barbies im Kinderzimmer. Jetzt, im Berufsleben, bin ich immer noch sehr zurückhaltend. Das Allerschlimmste für mich sind zum Beispiel Firmenfeiern, bei denen es häufig nur um Small Talk bzw. Sehen und Gesehenwerden geht – lieber umgebe ich mich mit Menschen, die nicht so oberflächlich sind. Sehr gerne arbeite ich für mich alleine und mache mein eigenes Ding – im Job ist das aber leider nicht immer möglich. Telefonate sind mir ein Gräuel, lieber schreibe ich E-Mails, die ich vorbereiten kann …"

Findest du dich in diesen Worten wieder? Dann kann es sein, dass du eine Tendenz zu Intro-Eigenschaften hast. Das ist aber gar nicht schlimm, sondern nur eine Ausprägung deiner Persönlichkeit – eben mit allen dazugehörigen Vor- und Nachteilen. Sylvia Löhken – Expertin für leise Menschen[1] – berichtet in ihrem Buch, dass jeder Mensch sowohl introvertierte als auch extravertierte Eigenschaften besitzt. Inwieweit diese jedoch ausgeprägt sind, hängt von der eigenen *Persönlichkeit, Situation, Kultur* und nicht zuletzt dem *Alter* ab. Wie viele Menschen genau introvertiert sind, darüber scheiden sich übrigens die Geister. Man schätzt, dass ungefähr ein Viertel der Menschheit dieses angeborene Persönlichkeitsmerkmal besitzt[2] – eine ganz schöne Menge, findest du nicht auch? Doch was unterscheidet introvertierte von extravertierten Personen? Martin Wehrle schreibt dazu Folgendes:[3]

„Die Introvertierten sind wie Quellen: Die Energie sprudelt aus ihnen heraus, sie kommt von innen und erneuert sich,

wenn sie allein sind oder unter Vertrauten – während ihre Quelle verstopft, sobald sich viele Menschen um sie scharen und ein Sinneseindruck den nächsten jagt.

Umgekehrt bei Extrovertierten: Sie halten die Stille kaum aus. Wenn sie umringt von Menschen sind, neue Eindrücke sammeln und mit Höchsttempo durchs Leben fahren, dann strotzen sie vor Lebendigkeit. Sie gleichen Regentonnen: Die Energie kommt von außen. Ihr Speicher füllt sich nur, wenn es um sie herum ordentlich prasselt und quasselt, wenn (neue) Reize auf sie einhageln. Bleibt dieser Regen aus, verdunstet die Energie."

Das bedeutet also, dass beide Persönlichkeitstypen ihre Kraft aus unterschiedlichen Quellen beziehen: der Extravertierte aus dem Austausch mit anderen, der Introvertierte aus der Ruhe.[4] Grund: Das Intro-Gehirn benötigt mehr Energie als das eines Extras – damit ist auch der individuelle Energiespeicher schneller erschöpft. Daneben gibt es noch Personen, die zwar wie Extravertierte wirken, aber eigentlich gar keine sind: die *„Flex-Intros"*[5] wie Sylvia Löhken sie liebevoll nennt. Diese Menschen haben gerne mit anderen zu tun, brauchen dazwischen aber – ganz im Gegensatz zu den Extravertierten – immer wieder Rückzugsphasen, um Kraft für Außenkontakte zu schöpfen.

So viel also zum Thema Extra- oder Introversion. Meint der Begriff „schüchtern" nun das Gleiche wie „introvertiert"? Nein. Wenn du schüchtern bist, fürchtest du dich vor sozialem Kontakt und fühlst dich im Umgang mit deinen Mitmenschen oft überfordert.[6] Der Unterschied zu Intros: Auch sie kämpfen hin und wieder mit diesen Ängsten, ihr Hauptmerkmal ist aber, dass sie generell eher nach innen gekehrt sind.

Bleibt noch das Thema der Hochsensibilität. Der Begriff Hochsensibilität wurde bereits in den 1990er-Jahren von der amerikanischen Psychologin Elaine Aron begründet. Bis heute vertritt sie die (durchaus umstrittene!) These, dass etwa jeder fünfte Mensch deutlich empfindsamer durch das Leben geht als die meisten anderen,[7] d. h., er denkt mehr nach, spürt in sich (oder andere) hinein, wägt Entscheidungen gut ab und fühlt sich schnell erschöpft. Natürlich ist das kein gänzlich neu entdecktes Persönlichkeitsmerkmal, zurückhaltende Menschen gab es bekanntlich ja schon immer. Elaine Aron jedoch betrachtet diesen Wesenszug unter einem neuen Blickwinkel: im Sinne der Hochsensibilität. Wird man jetzt neugierig und wälzt ein wenig Fachliteratur, findet man unter anderem diese Erklärung von Anne Heintze:[8]

„Der Begriff ‚Hochsensibilität' wird für Menschen verwendet, die über ein besonders sensibles Nervensystem verfügen und intensivere Wahrnehmungen über ihre fünf Körpersinne erleben als Normalsensible. Viele sind ebenfalls hochsensitiv und haben einen ausgeprägten ‚sechsten Sinn'. Sie spüren die Stimmungen anderer Menschen sehr intensiv, nehmen Veränderungen im Betriebsklima deutlich wahr, haben eine stark ausgeprägte Intuition bis hin zu medialen Fähigkeiten."

Bist du hochsensibel, nimmst du alles, was du siehst, hörst, riechst, schmeckst oder fühlst, *intensiver* wahr und brauchst *länger*, um es zu verarbeiten.

Brigitte Schorr, eine angesehene Expertin in Sachen Hochsensibilität, spricht von vier Kriterien, die sie im Umgang mit sehr empfindsamen Menschen (kurz HSP) erlebt hat.[9] Gehörst du zu diesen Personen, ist deine Komfortzone eher klein, d. h., du fühlst dich schneller schlapp als andere und brauchst immer wieder Zeit, um „runterzukommen". Weiterhin leidest du nicht selten an Überstimulation. Ereignisse, Eindrücke, Stimmungen, Gefühle, Gedanken usw. wirken sich somit sehr stark auf deine Befindlichkeit aus. Auch beschäftigt dich Erlebtes deutlich länger als einen Normalsensiblen, was für andere also schon längst in der „Ablage" ist, steht dir immer noch ganz klar vor Augen. Zudem besitzt du unabhängig davon eine ausgeprägte Wahrnehmungsfähigkeit, d. h., du fühlst dich besonders gut in andere ein, bemerkst Details, besitzt ein übergeordnetes Denken usw.

Das führt nicht selten zu einer deutlich erhöhten Stressanfälligkeit und Schwierigkeiten im Berufsleben. Sandra Tissot,[10] Autorin von *Hochsensibilität und die berufliche Selbständigkeit* – du wirst sie später im persönlichen Interview mit meinweg-deinweg (zu finden in Abschnitt 1.6) ausführlicher kennenlernen –, sieht die Ursache in unserer Leistungsgesellschaft und der damit verbundenen Erwartungshaltung, Menschen in „Normschablonen" pressen zu wollen. Sie ist der Meinung, dass Hochsensible grundsätzlich ein erhöhtes Bedürfnis nach Ruhe, Harmonie und Sinn im Beruf haben. Karriere um jeden Preis ist nicht das, was sie erstreben, auch fordern sie diese nicht mit Säbelrasseln ein. Sie tun ihre

Arbeit meist im Hintergrund, laufen aufgrund ihrer nach innen gekehrten Art jedoch Gefahr, am vorherrschenden Leistungsdruck zu zerbrechen.

Klingt schwierig? Das ist es manchmal auch! Doch hochsensible Persönlichkeitseigenschaften in sich zu tragen birgt auch eine ganze Menge an positiven Aspekten, über die wir im Laufe dieses Buches noch intensiv sprechen werden. Was an dieser Stelle ebenfalls wichtig und erwähnenswert ist: Hochsensibel ist *nicht* zwingend das Gleiche wie introvertiert.[11] Klar sind viele Hochsensible gleichzeitig introvertiert, 30 Prozent von ihnen richten sich jedoch in ihren Aktivitäten eher nach außen (d. h., sie sind kontaktfreudiger, aktiver, offensiver usw.). Auf diese Personengruppe gehen wir in einem Exkurs am Ende dieses Abschnitts noch genauer ein. Ach ja, bevor ich es vergesse: Eine *hohe Empfindlichkeit* kann sich im Laufe eines Lebens z. B. durch Traumata, Krankheiten oder ungesunde Außenbedingungen auch erst entwickeln, so beschreibt es HSP-Coach Ulrike Hensel in ihrem Buch „Mit viel Feingefühl“[12]. Die Folge: Du erlebst die Welt und die Menschen um dich herum gemeinhin als bedrohlich und tust alles, um dich vor einer erneuten Gefahr zu schützen. Dein unbewusster Helfer, die Sensibilität, fungiert dabei praktisch als eine Art *„Frühwarnsystem“*.

Leider kann ich dir jetzt nicht sagen, in welche Kategorie der Sensibilität du fällst. Offensichtlich aber nimmst du dich als Menschen wahr, der mehr spürt als andere und deutlich empfindsamer ist, sonst hättest du gar nicht erst nach diesem Buch gegriffen. Wenn du hinsichtlich dieser Frage schlauer werden möchtest, empfehle ich dir einen kurzen Ausflug auf die Website[13] von „Zart besaitet“, einem Verein, der sich schon seit 15 Jahren intensiv mit dem Thema Hochsensibilität beschäftigt. Dort hast du die Möglichkeit, einen kostenlosen, anonymen Test zu absolvieren, durch den du herausfinden kannst, wie sensibel du bist. Trotzdem solltest du dich aufgrund dieses Tests nicht einfach mit einem bestimmten Etikett versehen. Ja, vielleicht hast du ein paar Tendenzen in die eine oder andere Richtung, das heißt im Umkehrschluss aber *nicht*, dass du ein Duplikat aller anderen Menschen dieser Kategorie bist.[14] Stattdessen ist es so: Sowohl bei den „Normalos“ als auch bei den Zartbesaiteten gleicht keiner dem anderen. Jeder besitzt seine ganz spezielle Wohlfühlzone. Was für den einen vielleicht anstrengend (aber trotzdem bewältigbar) ist, kann für den anderen eine komplette Überforderung darstellen – je nachdem, wie ausgeprägt seine ganz individuelle Sensibilität ist, welche Ursprünge sie hat oder wie das Umfeld sich gestaltet. Zur Verdeutlichung kannst du dir eine „Sensibilitätsskala“ von 1 bis 10 vorstellen; 1 bedeutet Normalsensibel, 10 Hochsensibel. Dazwischen liegt eine große Spanne, ein weites Feld. Die große Frage ist:

**Wo auf der „Sensibilitätsskala“ ordnest *du* dich ein?
Und was bedeutet das für dein weiteres (berufliches) Leben?**

Vergiss deshalb trotz all dieser Ausführungen nicht: *Du* bist immer noch *du* – egal, wie ausgeprägt deine Feinfühligkeit oder Introversion ist. Das bedeutet, du bist ein Mensch mit ganz individuellen Bedürfnissen, Vorlieben und Abneigungen, die es für ein erfülltes Berufsleben herauszufinden gilt. Mein Tipp: Du solltest dich so gut wie möglich kennen und wissen, was du im Leben willst und brauchst. Erst dann bist du gerüstet für einen verantwortungsvollen Umgang mit deiner feinfühligen Person (das gilt übrigens nicht nur im Job!).

Weißt du schon, was du willst und brauchst? Welche Erfahrungen hast du bislang im Job gemacht? Inwiefern spielte hier deine Sensibilität eine Rolle?

Solange man aber nicht genau weiß, was man will und braucht, gestaltet sich die Berufsfindung meist schwierig. Meinweg-deinweg-Leserin Sabine beispielsweise beschreibt ihren eher „unkonventionellen“ Werdegang sehr offen und mit einem deutlichen Augenzwinkern:

„Bei mir fällt die ausgeprägte Feinfühligkeit ganz besonders im Berufsleben auf. Mit meinen zahlreichen Ausbildungen und Abschlüssen könnte ich mittlerweile ganze Bücher füllen. Deswegen führe ich dir hier nur die ‚Crème de la Crème‘ meiner unzähligen Irrwege auf: Mit 16 absolvierte ich eine Ausbildung im Büro. Schon vom ersten Tag bis Ende der Ausbildung dachte ich mir: ‚ICH. HASSE. ES!‘ Interessanterweise waren meine Noten exzellent, die Motivation jedoch nicht. Trotzdem stand ich die Ausbildung durch, ließ es aber nach dem Abschluss sein. Danach wechselte ich in den Kindergarten und absolvierte ein freiwilliges soziales Jahr. Das soziale Jahr an sich war eine tolle Sache, die 15 Millionen nervtötenden Kids und die Geräuschkulisse nicht. Ende Gelände. Kurze Zeit später fand ich mich in einem Supermarkt wieder. Als Kaffeeverkosterin und dauerlächelnde Promoterin, die 20-mal dieselben Leute ansprach, weil sie ihre Gesichter gleich wieder vergessen hatte. Gäähn! Danach wurde es spannend. Ich arbeitete in einem Forschungsinstitut und erlebte hautnah wissenschaftliche Innovation. Allerdings nur so lange, bis mein Chef mit einem Meterband nachmaß, in welchem Abstand ich die Blumen nach dem Wässern wieder auf den Schreibtisch stellte. Was denkst du, was ich getan habe, als es mir zu bunt wurde? Richtig! Nach dieser Erfahrung wurde Journalismus meine neue Passion. Nur leider bekam ich jedes Mal Schnappatmung, wenn ich einen Menschen interviewen sollte, den ich nicht kannte. Also wischte ich auch diesen Traum beiseite. Diese Liste könnte ich endlos fortführen, liebe Nicole. Es klingt zwar alles ziemlich witzig, aber manchmal weiß ich wirklich nicht mehr weiter. Ich bin jetzt 32, des Suchens müde und frage mich: Wie soll das weitergehen?!“

Hört sich anstrengend an, nicht? Tja, das ist nicht der einzige Bericht dieser Art. Eine andere Blogleserin berichtet mir von höchst seltsamen Chefs:

„Liebe Nicole, du kannst mir glauben: Was Chefs betrifft, habe ich schon extrem viel Irritierendes erlebt! Manches kann ich immer noch nicht fassen, und wenn ich es erzähle, ist es immer der große Lacher in meinem Freundeskreis. Hier eine kleine Aufzählung, welche Chefs mir auf meinem beruflichen Lebensweg schon untergekommen sind: einer, der schon beim

Vorstellungsgespräch mit mir ins Bett wollte (wahrscheinlich, weil ich so lieb, zugewandt und höflich wirkte); ein anderer, der mir untersagte, bei meiner Arbeit einen Taschenrechner zu benutzen (ich hatte das Kassenbuch und die Gehaltsabrechnungen zu führen!). Nummer 3 schrie mich jeden Morgen zur Begrüßung an, wenn ich ihm die Post brachte. Ich erinnere mich auch an einen Chef, der täglich meinen Schreibtisch umsortierte, weil er ihm so besser gefiel. Ein ganz abgehobener pinkelte an die Hauswand seines eigenen Büros (im Nachhinein vermute ich, er wollte wahrscheinlich sein ‚Revier' und die Frauen darin markieren). Der nächste laberte mich stundenlang zu, wenn ich zu ihm ins Büro kam. Am Ende war alles restlos geklärt – nur meine eigenen Fragen nicht. Aus Höflichkeit hatte ich ihn nicht unterbrochen, sondern ausreden lassen. Ich weiß einfach nicht, was ich falsch mache. Ich bin wirklich immer sehr nett, zurückhaltend und habe für jeden ein offenes Ohr. Nur Nein zu sagen fällt mir ziemlich schwer. Vielleicht meinen diese Chefs dann, sie könnten sich bei mir alles erlauben?"

Marlene macht folgende Erfahrung:

„Ich möchte unbedingt gerne Menschen helfen und arbeite deswegen in der Schulsozialarbeit. Von meinen Chefs und Kollegen bekomme ich dabei sehr gute Rückmeldungen und in der Arbeit mit den Schülern gebe ich immer mein Bestes. Sie haben mir schon oft gesagt, dass sie sich bei mir gut aufgehoben und verstanden fühlen. Das freut mich sehr und ich bin stolz darauf. Überstunden sind in meinem Job keine Seltenheit, in letzter Zeit kommt es jedoch immer öfter vor, dass ich mich total ausgelaugt fühle. Noch lange grüble ich über Situationen oder Bemerkungen nach, die für andere schon längst vergessen sind. Mein Schlaf ist deswegen auch schon beeinträchtigt. Ich habe das Gefühl, dass es mir langsam zu viel wird. Der Stress, die problembeladenen Familien, die immer gleichen Gespräche. Aber was soll ich machen? Ich liebe meinen Beruf doch."

Und da ist noch Sven, der in einem internationalen Konzern arbeitet:

„Nicole, ich kann nicht mehr. Ich arbeite in einem Großraumbüro, in dem ich von rechts und links beschallt werde. Der Kollege am Schreibtisch nebenan zieht sich den ganzen Tag Musik rein, ein anderer plärrt ständig ins Telefon. Die Klimaanlage surrt, der Kopierer rattert. Ich sitze mittendrin, und es fällt mir sehr schwer, mich zu konzentrieren. Und dann noch der Zeitdruck. Ständig klatscht mir mein Chef wieder eine neue Liste zum Abarbeiten auf den Schreibtisch. Danach brauche ich ewig, bis ich etwas zustande bringe. Langsam geht mir echt die Puste aus. Ich fühle mich wie auf einem brodelnden Vulkan."

Wenn ich so etwas höre, kann ich mir vorstellen, dass diese sensiblen Menschen sich oft denken: *„Das will ich nicht mehr. Es muss sich etwas ändern!"* Du, liebe Leserin, lieber Leser, bist offensichtlich auch soweit – vielleicht bist du ja genauso verzweifelt, wie einige meiner Blogleser es sind, und willst raus aus deinem jetzigen Job. Sollte das zutreffen, gebe ich dir als Allererstes diesen ganz banalen Tipp: Atme tief durch und beruhige dich. Ich verspreche dir: Wir arbeiten an deinem Problem und bekommen es in den Griff. Den ersten Schritt in diese Richtung hast du ja schon gemacht: Du bringst deine feinfühlige Ader damit, dass es im beruflichen Leben „irgendwie nicht so rund" läuft, in Verbindung. Du spürst, dass dies etwas damit zu tun haben *könnte*, dass du den passenden Platz noch nicht gefunden hast. Wobei ich jetzt definitiv nicht behaupten will, dass weniger sensible Menschen als du nicht auch Probleme in der heutigen Arbeitswelt haben. Die wenigsten stehen jeden Morgen auf und schweben auf einer Glückswolke zur Arbeit. Auch behaupte ich nicht, dass „die Feinfühligkeit" für alles Negative, was du bislang erfahren hast, verantwortlich ist.

Feinfühligkeit ist weder negativ noch positiv.

Sie *ist*.

Nicht mehr und nicht weniger.

Feinfühligkeit ist ein Teil von dir, der (auch) im Beruf beachtet und ausgelebt werden will. Dies kann den Unterschied zwischen einem belastenden Arbeitsverhältnis und einer Tätigkeit, die dir das Herz aufgehen lässt, ausmachen. Das bedeutet, du solltest ab sofort einfach immer wieder etwas ausprobieren, in dich hineinspüren und reflektieren, um zu sehen, was für dich passt. Das ist wie ein Haus, das du langsam errichtest. Erst legst du das Fundament, dann baust du Raum für Raum, und mit der Zeit gilt es, manches immer wieder zu renovieren. Genauso gehst du deinen beruflichen Weg. Das hier ist der Ausgangspunkt. Wie es weitergeht, bestimmst du selbst. Während du also ab sofort deine neue berufliche Zukunft gestaltest, wird sich ganz langsam immer mehr herauskristallisieren, wo dich dein Weg hinführt. Das erinnert mich an den afrikanischen Spruch: *„Das Gras wächst nicht schneller, wenn man daran zieht."* Deswegen: Höre auf zu ziehen und säe stattdessen.

Sensibler Mensch ist nicht gleich sensibler Mensch! Stattdessen hat jeder seine ganz individuelle Komfortzone. Gerade im Job müssen feinfühlige Menschen deshalb besonders gut auf sich achten. Tun sie das nicht, könnten immer wieder dieselben Probleme an ihre Tür klopfen – und zwar so lange, bis sie gehört werden.

Exkurs: Scanner und High Sensation Seeker

Sind dir im Zusammenhang mit einer hohen Sensibilität schon einmal die Begriffe „Scanner" und „High Sensation Seeker" untergekommen? Falls nicht, ist es interessant zu wissen, dass es diese Persönlichkeitsmerkmale gibt. Manchmal wirken sie sich nämlich auf einen beruflichen Werdegang aus. Dabei ist es so, dass Scanner und High Sensation Seeker es oft noch schwerer als andere haben, eine passende Tätigkeit für sich zu finden. Der Grund: Sie brauchen viel Abwechslung und langweilen sich schnell – und zwar jeder auf seine ganz spezielle Art und Weise.[15]

Wie sieht bislang dein eigener beruflicher Werdegang aus? Gab es viele Umbrüche und Kehrtwendungen? Hast du zahlreiche Interessen und langweilst dich schnell? Dann könntest du ein Scanner oder ein High Sensation Seeker sein.

Beginnen wir mit dem Scanner. Ihn kann ich dir am besten erklären, denn ich bin selbst einer.

DER SCANNER

Das allererste Mal kam ich mit dem Persönlichkeitsmerkmal „Scanner" in Berührung, als ich das Buch „Ich könnte alles tun, wenn ich nur wüsste, was ich will" von Karriereberaterin Barbara Sher las. Der Titel des Werkes hatte mich sofort angesprochen. In der Hoffnung, es möge mir eine Lösung für mein unstetiges Berufsleben präsentieren, kaufte ich es. Das habe ich nie bereut, denn ich verschlang das Buch in einer Nacht und fand mich in außerordentlich vielen Beispielen wieder, besonders jedoch in einem ganz speziellen Satz. Dieser Satz schien mich selbst zu beschreiben bzw. das, was mich ausmachte, ja immer schon ausgemacht hatte. Das war eine Offenbarung, denn mir war, als würde mich diese fremde Frau schon sehr lange kennen und ganz genau wissen, was mein „Problem" war.

Der Satz, der mich vor vielen Jahren so beeindruckte, lautete:[16]

„Für einen Scanner besteht das Universum aus tausend Kunstwerken, und ein einziges Leben ist viel zu kurz, um sie alle kennen zu lernen."

Dies passt sehr gut auf viele Scanner, die mir auch auf meinem Blog begegnen. Wenn du ein Scanner bist, interessierst du dich für alles. Und wenn du dich für alles interessierst, willst du auch *alles* intensiv erfahren und erlernen – wofür die Zeit auf diesem Planeten aber viel zu knapp ist. Kurz: Du bist außerordentlich neugierig auf das Leben und wandelst dich gerne. Sylvia Harke beschreibt, dass Scanner gerade deswegen im späteren Berufsleben häufig auf vielen Gebieten fit und gut einsetzbar sind.[17] Manchmal macht sich das Persönlichkeitsmerkmal schon in der Kindheit bemerkbar.

Eine Blogleserin berichtet:

„Mit fünf wollte ich Keyboard spielen. Meine Eltern waren hocherfreut: Also ging ich brav in den Unterricht, klimperte auf meinem Keyboard herum, bis ich einige Stücke so richtig gut konnte – doch dann wurde es mir von einen Tag auf den anderen langweilig. Das nächste Instrument musste her: die Flöte. Wieder besuchte ich den Unterricht, flötete die ganze Zeit, doch irgendwann blieb die Flöte liegen und wich der Gitarre. Gitarre spielen war meins. Ich war der neue Kurt Cobain – allerdings in weiblich. Aber nur ein Jahr lang, denn dann hatte ich ein neues Ziel: Malen. Alles musste her: Leinwände, Stifte, Bücher. Danach malte ich eine Vielzahl an Bildern. Bei den Aktbildern angelangt, wurde es meinen Eltern zu bunt, sie flehten mich an, meine Zeit bitte anders zu verbringen. Kein Problem, Malen war zu dieser Zeit sowieso schon wieder abgehakt: Stattdessen kam die Schriftstellerei. Flott eine kleine Schreibmaschine gekauft und los ging‘s! Täglich hämmerte ich wie besessen in die Tasten. Am

Ende kam mit viel Blut und Schweiß Titanic Teil II heraus – eine Nacherzählung des Filmes mit Leonardo DiCaprio, von dem ich damals hin und weg war. Stolz wie Oscar reichte ich meine Geschichte herum – was nur leider niemanden mehr interessierte …"

Im Berufsleben kann sich das so äußern, dass Scanner manchmal am liebsten das Handtuch werfen wollen, weil sie nach unterschiedlichsten beruflichen Erfahrungen einfach nicht mehr wissen, in welcher Richtung es weitergeht.[18] Das ist auf Dauer ziemlich desillusionierend und verursacht Frust.

Schauen wir uns nun den High Sensation Seeker an.

DER HIGH SENSATION SEEKER

Sylvia Harke[19] erklärt, dass sich unter hochsensiblen Personen nicht wenige (etwa 30 Prozent) *„Extremsportler, Weltenbummler, darstellende Künstler oder spirituell Suchende"* befinden: die High Sensation Seeker.

Während es sich bei Scannern um vielbegabte Persönlichkeiten handelt, sind High Sensation Seeker also ständig auf der Suche nach starken Gefühlen.

Du bist wahrscheinlich ein High Sensation Seeker, wenn du …

- vielseitig interessiert und ständig auf Abenteuersuche bist.
- am liebsten die ganze Welt bereisen und erforschen würdest.

- dich sportlich gerne total austobst.
- es nicht magst, wenn jeden Tag das Gleiche passiert.
- einfach nicht ruhig zu Hause auf der Couch sitzen kannst.
- ständig Nervenkitzel brauchst.
- Kunst als Ausdruck deiner selbst betrachtest.
- dein Auto, den Job, den Wohnort, den Partner etc. häufig wechselst.
- Drogen, Alkohol und anderen Suchtmitteln gegenüber aufgeschlossen bist.
- Langeweile nicht kennst.
- Überraschungen liebst.
- nach intensiven Aktivitäten und Erfahrungen immer wieder abtauchst.

Diese Aufzählung soll gar nicht negativ klingen, sie ist, wie sie ist. Wenn du ein High Sensation Seeker bist, hat das physiologische Ursachen, d. h., du brauchst dann ständig neue Reize (z. B. in Form von Abenteuern oder Erfahrungen), um dich wohlzufühlen. Jedoch ist es genauso wichtig, danach wieder zur Ruhe zu kommen, um deine Erlebnisse zu verarbeiten. Rolf Sellin[20] beschreibt das so:

„Die Spanne zwischen Überstimulation und Unterstimulierung ist bei Hochsensiblen meist geringer als bei weniger sensiblen Menschen. Bei einer Minderheit von ihnen ist diese Spanne jedoch sehr starken Schwankungen ausgesetzt. (...) Bei ihnen wechseln Zeiten, in denen sie nur wenige Reize vertragen und sich typisch hochsensibel verhalten, mit Phasen und Zeiten, in denen ihnen die Reize nicht stark genug sein können."

Aus diesem Grund ist es sowohl für High Sensation Seeker als auch für Scanner eine Herausforderung, sich dauerhaft auf irgendetwas festzulegen.[21] Oftmals besteht eher der Drang, sich beruflich immer wieder neu zu definieren. Das führt nicht selten dazu, dass diese Menschen manchmal unterschiedlichste Ausbildungen bzw. Studienabschlüsse wie einen umfangreichen Bauchladen vor sich her tragen, ohne sie jemals in bare Münze verwandeln zu können. Wenn du zu dieser Personengruppe gehörst: Sei dir auch deiner Chancen bewusst! Mache dir deine vielfältigen Talente und Interessen zu Nutze, anstatt dich wie bisher möglicherweise für deine Flatterhaftigkeit zu verurteilen.

High Sensation Seeker können ihren vielfältigen Wissens- und Erfahrungsschatz meist gut miteinander verknüpfen. Eine meiner Blogleserinnen setzt das im Berufsleben so um:

„Irgendwie habe ich immer nach dem passenden Beruf gesucht, mehrere Ausbildungen gemacht und sogar studiert. Lange war mir nicht wirklich klar, wie ich das alles miteinander verbinden kann, doch seit zwei Jahren habe ich es endlich geschafft: Ich arbeite als Familienhelferin. Hier habe ich die Möglichkeit, einen Großteil meiner bisherigen beruflichen Qualifikationen in die Arbeit hineinfließen zu lassen. In der mir anvertrauten Familie lebe ich meine Liebe zu den Kindern (Ausbildung zur Erzieherin) und führe lösungsorientierte Gespräche (Weiterbildung zur Mediatorin). Dazwischen bin ich für den Haushalt zuständig, was mich – von manchmal emotional belastenden Situationen – gut ablenkt und wieder runterbringt (Ausbildung zur Hauswirtschafterin). Genau dieser Mix aus Tätigkeiten macht mich unwahrscheinlich glücklich! So hatten viele meiner Ausbildungen am Ende doch einen ganz konkreten Sinn – welcher sich mir aber über sehr viele Jahre hinweg zunächst nicht erschlossen hat."

Rolf Sellin spricht in diesem Zusammenhang von beruflichen Tätigkeiten, in denen die eigene *„innere Widersprüchlichkeit"* ausgelebt werden kann. Als mögliche Alternative legt er diesen Menschen ans Herz, den Persönlichkeitsanteil „High Sensation Seeker" im sportlichen Bereich auszuleben, die Hochsensibilität hingegen im Beruf.[22]

Die gute Nachricht: Wenn du weißt, dass du ein Scanner oder ein High Sensation Seeker bist, kannst du dich aktiv auf die Suche nach einer beruflichen Tätigkeit machen, die deine vielfältigen Interessen in sich vereint.

Die schlechte Nachricht: Das braucht Zeit, Selbstbewusstsein und (möglicherweise!) Aufgeschlossenheit für alternative Lebens- und Arbeitsformen!

1.2 Bedürfnisse feinfühliger Menschen:

Die passende Stelle finden

Was vermutest du: Warum fühlen sich feinfühlige Menschen in unserer heutigen Gesellschaft oft unbehaglich? Wenn du meine Meinung wissen willst: Ich denke, weil dort mehr und mehr Bedingungen vorherrschen, die einem empfindsamen Geist nicht gerade entgegenkommen. Es ist einfach nicht zu leugnen: In unserer Leistungsgesellschaft sind leider Ellenbogen, Konkurrenzdruck und ständige Erreichbarkeit gefragt – für rücksichtsvolles Verhalten, Liebe fürs Detail oder gar persönliche Belange ist da wenig Platz. Und wer dann in diesem System nicht gut funktioniert, hat im schlimmsten Falle schlicht und einfach Pech gehabt. Der betroffene Arbeitnehmer wird krank, ausgebotet und ihm wird vielleicht sogar gekündigt. Dann heißt es nach jahrelangem unermüdlichen Einsatz oft lapidar: *„Da ist die Tür. Der Nächste bitte!“*

Diese Arbeitsbedingungen führen nun wirklich nicht zur beruflichen Erfüllung. Das zeigen auch Berichte aus den Medien. *Spiegel Wissen* beispielsweise beruft sich in seiner Ausgabe „Patient Seele“ auf eine Aussage[23] der Organisation für wirtschaftliche Zusammenarbeit und Entwicklung (OECD), die beruflichen Stress zu *„einer neuen Spitzenherausforderung am Arbeitsmarkt“* erklärt. Das hat alarmierende Folgen: Krankheitsausfälle und Fehlzeiten nehmen immer mehr zu – und zwar bei allen Arbeitnehmern. Die Zeitschrift berichtet weiter, dass *„die Weltgesundheitsorganisation WHO glaubt, dass bis 2030 die Depression weltweit die am häufigsten vorkommende Krankheit sein wird – vor Herz-Kreislauf-Störungen und Aids"*.

Schöne neue Arbeitswelt? Menschen müssen nun einmal ideale Arbeitnehmer sein, sonst funktioniert das System nicht. Du fragst dich, was ich mit einem „idealen" Arbeitnehmer meine? Der *Nachrichtenspiegel* präsentiert dir die (zugegebenermaßen nicht ganz ernst gemeinte) Antwort:[24]

„Der Ideale Arbeitnehmer erscheint mit 20 in der Gesellschaft. (...) Er verfügt über eine abgeschlossene Berufsausbildung, einen Hochschulabschluß im Einserbereich und beherrscht drei Fremdsprachen in Wort und Schrift. (...) Der ideale Arbeitnehmer verzichtet nahezu vollständig auf Freizeit, selbige verbringt er gern in direkter Nähe der Firma, um im Notfall Einsatzbereit zu sein. (...) Der Ideale Arbeitnehmer arbeitet mindestens zwölf Stunden am Tag und dies sieben Tage in der Woche. Seine Urlaubsansprüche hat er als steuerlich absetzbare Spende dem Unternehmen geschenkt, Feiertage ignoriert er mutig und selbstbewußt. (...) Der Ideale Arbeitnehmer wird nie krank und wenn, dann läßt er es sich nicht anmerken. (...) Der ideale Arbeitnehmer ist streng religiös. Die Firma ist sein Gott, der Chef ihr Stellvertreter, Arbeit ist Gottesdienst, den man gerne fröhlich und glücklich absolviert."

Es ist kein Geheimnis, dass Menschen, die empfindsam und damit leichter zu verletzen sind, diesem „Ideal" nicht entsprechen. Die Folge: Sie fallen auf. Ob das nun gut oder schlecht ist, sei dahingestellt. Auf jeden Fall benötigen zart besaitete Menschen ein Umfeld, das ihrem Wesen entspricht, damit sie das Beste (und davon gibt es enorm viel!) aus sich herausholen können.

Sich ständig verändernde Arbeits- und Marktbedingungen und ein unbedingtes „höher – schneller – weiter“ bewirken allerdings das Gegenteil.

Darauf weisen auch Menschen hin, die lange im Jobcoaching tätig waren. So stellt Luca Rohleder, Autor des Bestsellers „Die Berufung für Hochsensible“, im meinweg-deinweg-Interview mit mir fest:[25]

„Grundsätzlich kann man sagen, dass die Mehrzahl hochsensibler Personen (HSP) ein zufriedenes Arbeitsleben führt. Dennoch gibt es zunächst ganz bestimmte Herausforderungen zu meistern, damit HSP das Gefühl haben, endlich angekommen zu sein. In der Hauptsache liegt es daran, dass sie eigenverantwortlich und mit viel Handlungsspielraum agieren möchten. Des Weiteren haben sie den Anspruch, sinnvoll tätig zu sein, und legen großen Wert auf eine harmonische Arbeitsumgebung. Mit direkten Arbeitsanweisungen, Kontrollmaßnahmen oder sogar mit einer negativen Arbeitsatmosphäre können die meisten aufgrund ihrer hohen Feinfühligkeit nur schwer umgehen. (...)

Darüber hinaus neigen HSP in ihrer Arbeitsweise zu Perfektionismus und einem überzogenen Anspruch an sich selbst. Dies ist natürlich in Zeiten, in denen Arbeitsaufgaben von einer hohen Veränderungsdynamik aufgrund der globalisierten Welt geprägt sind, nur schwer umsetzbar. Vielmehr wird heute eher Improvisationstalent gefragt sowie die Bereitschaft, sich auf ständig wechselnde Arbeits- und Marktbedingungen einzustellen. (...) HSP brauchen infolgedessen ganz bestimmte Rahmenbedingungen, um ein zufriedenes Arbeitsleben führen zu können. Sie sind sozusagen nicht auf der Suche nach bestimmten Berufsbildern, sondern nach bestimmten Arbeitgebern.“

Dass feinfühlige Menschen nach „bestimmten Arbeitgebern" Ausschau halten sollten, kann ich aus eigener Erfahrung bestätigen. Nachdem ich mich vor einigen Jahren beruflich neu orientierte und wusste, wonach ich zu suchen hatte, tauchten plötzlich vermehrt Arbeitgeber auf, die ganz auf meiner Linie waren und ähnliche Werte und Einstellungen hatten – das war der Einstieg in ein Berufsleben, das mich ganz und gar erfüllte. Doch wo nur waren sie all die Jahre zuvor gewesen? Oder anders gefragt:

Warum hatte ich mir die passenden Arbeitgeber nicht schon viel früher gesucht?

Ich weiß nicht, in welcher beruflichen Situation du gerade steckst. Vielleicht hast du ja einen Chef, der dir nicht so ganz behagt, oder eine Kollegin, die dir ständig ihre Arbeit aufs Auge drückt. Oder aber du sitzt in einem Großraumbüro mit zwanzig Leuten, in dem jeder sein eigenes keksgroßes Plätzchen hat, das sich Schreibtisch nennt. Es kann auch sein, dass sich vor deiner Nase Aktenberge stapeln, die sich bis zum Abend wie durch Zauberhand vermehren, obwohl du eigentlich nichts anderes tust, als sie Tag für Tag abzuarbeiten. Oder aber du fungierst als Kummerkasten der Nation und jeder in deiner Abteilung, der ein wie auch immer geartetes Problem hat, klopft gerne an deine Tür und lässt sich von dir aus seinem Tief holen. Vielleicht erträgst du diese Situation sogar schon seit langer, langer Zeit und bist mittlerweile so frustriert, dass du dir in Dauerschleife denkst: *Ich mache das nicht mehr mit.*

Das Einzige, was dich daran hindert, zu gehen, ist die Angst, dass es im neuen Job genauso sein könnte, vielleicht sogar schlimmer. Du handelst also gemäß dem altbekannten Spruch: *„Lieber den Spatz in der Hand, als die Taube auf dem Dach.“* „Ach, irgendwie geht‘s schon“, redest du dir nach jedem freien Wochenende ein und stehst Montagmorgen pflichtbewusst wieder auf der Matte. Hierzu versichere ich dir: Natürlich schaffst du es irgendwie, aber es geht auf deine Kosten. Solche Situationen können ziemlich anstrengend für einen feinfühligen Menschen sein. Sie zermürben und entmutigen. Das kann sogar – im schlimmsten Fall – zu psychischen und physischen Krankheiten führen. Lass es bitte nicht so weit kommen.

Genau an diesem Punkt möchte ich dich in diesem ersten Kapitel gerne abholen und dir Mut machen. Ich möchte dir zeigen, dass du nicht aufgeben sollst, nach einer passenden Arbeit zu suchen – selbst, wenn es nicht sofort klappt und vielleicht ein klein wenig mühsam ist. Traue dich raus deinem Schneckenhaus. Du kannst nur gewinnen! Was du bitte nicht vergessen darfst: Du hast in jedem Moment deines Lebens die Möglichkeit, dich zu verändern und den Kurs zu wechseln. Im Arbeitsleben bedeutet das: Du kannst dir etwas suchen, das dir besser behagt – immer.

Viele Menschen, die das nicht getan haben, stellen leider nach einigen Jahren im Beruf fest, dass sie Vorstellungen hinterhergejagt sind, die gar nicht zu ihnen passen. So kann es zum Beispiel sein, dass du ein astreines Studium auf einem bestimmten Gebiet hingelegt hast und plötzlich im Job merkst, dass deine Ambitionen in eine andere Richtung gehen. Ich kenne einige sehr empathische Lehrer, denen es so geht.

Wenn du in solch eine Situation kommst, rate ich dir, in dich zu gehen und zu erspüren, ob du deine berufliche Tätigkeit wirklich mit ganzem Herzen bejahen kannst. Falls dies dauerhaft (ich spreche hier nicht von stressreichen Phasen, die jeder Mensch in seinem Beruf immer wieder einmal erlebt) *nicht* der Fall ist, suche nach Alternativen und kündige deinen Job, wenn du etwas Passendes gefunden hast. Natürlich musst du damit rechnen, dass das nicht jeder in deinem Umfeld gut findet, doch es ist ganz alleine deine Entscheidung. Elementar bei beruflichen Veränderungen ist Folgendes:

Du musst wissen, wo die Reise hingeht, d. h., du musst *dein* Ziel ganz genau kennen.

Genau das ist der erste wichtige Schritt. Wenn du dein Ziel kennst, kannst du alle beruflichen Etappen deines Weges mit der Frage abgleichen, ob das, was du gerade tust, noch immer auf dein Ziel hinführt. Du schaust, ob es für dich stimmig ist und bleibst damit auf Kurs – selbst wenn sich manchmal Hindernisse oder Umwege auftun. Kennst du dein Ziel nicht, ist es in etwa so, als würdest du zum Ticketverkauf am Flughafen gehen und zu der netten Dame am Schalter sagen: „Hallo, ein Flugticket bitte. Ich möchte gerne die Welt bereisen." Die Frage, die danach mit Sicherheit auf dich zukommen wird, ist: „Das ist sehr schön, nur auf welchen Zielort soll ich das Ticket für Sie ausstellen?" Mit der Jobsuche stellt es sich ähnlich dar. Am Anfang steht die Vorstellung dessen, wo ich überhaupt hin will, mein übergeordnetes Ziel. Die Umsetzung, wie ich dieses erreiche, kommt danach.[26]

Normalerweise geschieht ein Jobwechsel nicht von heute auf morgen. Meistens geht dem eine längere Phase der Unzufriedenheit, des persönlichen Leidens und des Abwägens voraus. Im Beruf können sich mit der Zeit viele Variablen (z. B. Chef, Tätigkeit oder Kollegen) verändern und schlicht nicht mehr zu dir passen. Was auch immer im Vorfeld passiert ist: Wenn du dich als Arbeitnehmer überwindest, eine Kündigung auszusprechen, hast du auf jeden Fall mit deiner jetzigen Tätigkeit abgeschlossen. Du wünschst dir, dass es im Job besser wird, dass du zufriedener bist oder sogar glücklich. Um dies zu erreichen, solltest du zwei Faktoren unbedingt beachten.

Der erste Faktor: Wie Luca Rohleder im Interview mit mir beschreibt, spielt für empfindsame Menschen eine *positive Unternehmenskultur* in der neuen Wirkungsstätte eine nicht zu unterschätzende Rolle. Sie sollte von gegenseitiger *Wertschätzung, Respekt und Vertrauen* geprägt sein. Doch die Realität sieht oft anders aus. So stellt zum Beispiel die Personalberatung Rochus Mummert in einer im Jahre 2016 veröffentlichten Pressemitteilung der Studie „Erfolgsfaktor Wertschätzung" fest:[27]

„Nur in 54 Prozent der Unternehmen in Deutschland wird wirklich ein wertschätzender Umgang gepflegt. In mehr als

jedem zehnten Unternehmen kann das tägliche Miteinander nur noch als ausreichend oder sogar mangelhaft bewertet werden."

Trübe Aussichten für feinfühlige Menschen und alle anderen? Jein, denn die Studie weckt auch Hoffnung. Bei der Frage, ob Firmen mit einer eindeutig wertschätzenden Kultur die ökonomisch erfolgreicheren sind, spricht sich immerhin die Mehrzahl der befragten Führungskräfte für „ja" bzw. „eher ja" (insgesamt 94 Prozent) aus. Dies ist eine sehr gute Quote, doch neben der bloßen Zustimmung ist auch aktives Handeln erforderlich – und zwar von allen am Firmengeschehen Beteiligten.

Zur Umsetzung eines Kulturwandels gibt die Kampagne „kommmitmensch" (im Internet zu finden auf www.kommmitmensch.de) seit einiger Zeit Betrieben, öffentlichen Einrichtungen und Bildungseinrichtungen ein fundiertes Praxiskonzept an die Hand.[28] Urheber der (in meinen Augen großartigen) Idee sind Unfallkassen und Berufsgenossenschaften. *„Ein gutes Betriebsklima und ein wertschätzender Umgang miteinander sind wichtig!"*, so das Credo der kommmitmensch-Kampagne. Woran aber ist eine wertschätzende Firmenkultur festzumachen? Zum Beispiel daran, dass das Unternehmen seinen Mitarbeitern einen offenen, lösungsorientierten Austausch bzw. eine Beteiligung am Firmengeschehen ermöglicht und darüber hinaus eine positive Arbeitsatmosphäre bieten kann.

Vielleicht bist du skeptisch, wenn du das liest, lass dir trotzdem von mir Mut machen und dir versichern: Es gibt diese Firmen mit einer wertschätzenden Unternehmenskultur (und sie werden nicht nur durch Kampagnen wie „kommmitmensch“ immer mehr). Es gibt Chefs, die sich dafür interessieren, was du zu sagen hast. Es gibt Kollegen, die dir unter die Arme greifen, wenn du ein Problem hast. Und es gibt Arbeitsstätten, in denen die Mitarbeiter morgens einander freudig begrüßen, statt schon vor dem ersten Kaffee schlechte Laune zu verbreiten. Erinnere dich an die Studie von Mummert: Wenn in 54 Prozent der Unternehmen ein wenig wertschätzender Umgang gepflegt wird, gibt es immerhin 46 Prozent, die das offensichtlich sehr wohl tun. Deine Aufgabe ist, genau diese Goldschatz-Firmen zu finden. Hierzu aber musst du Geduld haben, deinen Blick schärfen und dich ganz genau über das Unternehmen, in dem du vielleicht künftig tätig sein willst, informieren.

Bevor du kündigst, schaue dir deine neue Wirkungsstätte genau an. So kannst du das Risiko, auf die Nase zu fallen, minimieren.

Für viele Feinfühlige bedeutet das: einen Tag (oder besser mehrere) zur Probe arbeiten, mit den zukünftigen Kollegen und dem Chef sprechen, Internetportale besuchen, auf denen Firmen bewertet werden (z. B. kununu.com oder arbeitgebertest.de). Erst dann bekommst du ansatzweise ein Gefühl dafür, wie das Unternehmen, für das du zukünftig arbeiten willst, tickt. Klar, eine Garantie für eine absolut richtige Jobentscheidung wird es im Vorfeld nie geben, aber du kannst dich mit diesen Maßnahmen soweit wie möglich absichern.

Doch um im neuen Job so richtig durchzustarten, ist noch ein zweiter Faktor entscheidend: ein speziell auf dich abgestimmtes *Berufsprofil.* Im folgenden Abschnitt 1.3 gehen wir genau das an.

Feinfühlige Menschen brauchen ein berufliches Umfeld, das von Wertschätzung, Respekt und eigenverantwortlichem Arbeiten geprägt ist. Wird ihnen das zuteil, laufen sie zur Höchstform auf – auf ihre ganz eigene Art und Weise und auch zum Vorteil für das Unternehmen.

1.3 Spurensuche:

Was brauchst du, um glücklich zu sein?

Wie du in den beiden vorangegangen Abschnitten ja schon erfahren hast, ist es entscheidend, dass du weißt, wer du bist und in welches Umfeld du passt, um dir nach und nach ein Berufsleben zu erschaffen, in dem du dich wohlfühlst. Das gilt übrigens für alle Menschen, nicht nur für Feinfühlige.

Es ist wie in einem außerordentlich prachtvoll blühenden Garten, der mit vielen verschiedenen Pflanzenarten bestückt ist. Jede von ihnen befindet sich am richtigen Platz und wird beständig von liebevoller Hand gehegt und gepflegt. Zum Dank schenken die Blumen ihrem Betrachter das Allerschönste, was sie hervorbringen können: ein atemberaubendes Meer an Blüten in perfekter Harmonie und Stimmigkeit. Dieses Wunder fällt jedoch nicht so einfach vom Himmel, nein, es erfordert vom Besitzer des Gartens viel Zeit, Arbeit und natürlich auch Wissen um die speziellen Bedürfnisse einer jeden Pflanze. Jeder, der einen grünen Daumen hat, weiß, dass man nicht jede Pflanze unbedenklich an jedem beliebigen Fleck im Garten einsetzen kann. So kann zum Beispiel eine sonnenhungrige Pflanze wie die Dahlie niemals in einem Schattenbeet gedeihen. Ein Fingerhut jedoch liebt sein halbschattiges Plätzchen und würde in der prallen Sonne die Blätter hängen lassen. Pflanzt du jetzt als unwissender Gärtnerneuling die Dahlie ins Schattenbeet und den Fingerhut in die Vollsonne, wird sehr wahrscheinlich nichts Großartiges dabei herauskommen. Im Gegenteil: Die Pflanzen würden innerhalb kürzester Zeit verkümmern. Genauso ist es mit dir als Mensch: Du verkümmerst ebenfalls, wenn du am falschen Standort bist. Hast du den richtigen Platz jedoch gefunden, darfst du ganz beruhigt sein. Denn dann wirst du dich – genauso so wie die Dahlie oder der Fingerhut – ganz ohne Mühe prachtvoll entwickeln können und jedes Jahr wieder deine allerschönsten Blüten zur Schau stellen.

Das sieht dann in etwa so aus:

Atemberaubend, nicht?

Das heißt, du musst wissen, wo deine Stärken liegen und was dir im Job guttut und was nicht. Genauso solltest du erkennen, was dein Herzensthema ist und wonach du strebst. Dies wird dir die Kraft vermitteln, deinem Weg treu zu bleiben.[29] Ruf dir bitte an dieser Stelle noch einmal in Erinnerung, was ich am Anfang bereits erwähnt habe: Du magst zwar ein empathischer Mensch sein und bist damit auf dieser Welt glücklicherweise nicht alleine, jedoch bedeutet das keinesfalls, dass du genauso bist wie alle anderen empathischen Menschen. Jeder für sich ist individuell, so auch du. Aus diesem Grund musst du, um im

Job wirklich Erfüllung zu finden, unbedingt *deine* Wünsche und Bedürfnisse wahrnehmen und berücksichtigen. *Du* bist jeden Tag acht Stunden (oder mehr) an deinem Arbeitsplatz. Also bist auch *du* der- oder diejenige, welche(r) mit den Rahmenbedingungen dort klarkommen muss. Aus diesem Grund ist deine Aufgabe in diesem Kapitel: Finde die Variablen heraus, die dir ganz besonders zusetzen, um sie im nächsten Job zu vermeiden.

Oder anders herum:

Finde heraus, was du im Job brauchst.

Dazu erkunden wir die Spuren, die dich zu einem für dich stimmigen Berufsprofil führen. Sie lauten *„Sinn“* und *„Sweet Spot Marker“*.

SPUR NUMMER 1: DER SINN

Beschäftigen wir uns zunächst mit dem Sinn – dem Sinn einer Tätigkeit oder, noch besser: dem Sinn *deiner* Tätigkeit. Er stellt eine nicht zu unterschätzende Variable für eine erfolgversprechende berufliche Neuorientierung dar, denn der Beruf ist ein elementarer Bestandteil unseres Lebens. Am Arbeitsplatz sind wir im Normalfall fast täglich. Sinnerleben im Beruf ist deshalb nichts, worauf du – besonders als sehr feinfühliger Mensch – dauerhaft verzichten kannst.[30] Es würde dich unzufrieden machen, vielleicht sogar sarkastisch und, wenn‘s ganz schlimm kommt, verbittert oder gar krank. Einige meiner Blogleser können das leider bestätigen. Was ich darüber hinaus im Laufe meines eigenen Berufslebens festgestellt habe: Wenn du liebst, was du tust, gibst du gerne dein Bestes und wirst so manchen Rückschlag besser verkraften können.

Im Jahr 2018 hat das Wissenschaftliche Institut der AOK (WIdO) das höchst interessante Ergebnis einer Studie mit dem Schwerpunkt „Sinn erleben – Arbeit und Gesundheit" veröffentlicht.[31] Das WIdO hatte für den *Fehlzeitenreport* mehr als 2000 Erwerbstätige zwischen 16 und 65 Jahren unter anderem dazu befragt, was sie im Beruf als besonders wichtig erachten. Die Antwort: *„Sichere und gesunde Arbeitsbedingungen sowie das Gefühl, etwas Sinnvolles zu tun, sind Beschäftigten deutlich wichtiger als ein hohes Einkommen"*, so Helmut Schröder, stellvertretender Geschäftsführer des WIdO und Mitherausgeber des *Fehlzeitenreports*. Ausschlaggebend hierfür sind *„für die meisten Beschäftigten vor allem persönlich und sozial motivierte Aspekte ihrer Arbeit"*. Schröder betont weiterhin, dass sich eine sinnstiftende Arbeit positiv auf die Gesundheit auswirkt, d. h., die Angestellten haben weniger Fehlzeiten und *„deutlich weniger arbeitsbedingte Beschwerden"*.

Auch die Glücksforschung hat erkannt, dass es in unserer Zeit längst nicht mehr nur darum geht, möglichst viel Geld zu verdienen.[32] So berichtet Tal Ben-Shahar, Harvard-Professor für Glücksforschung, dass gerade einfache Dinge wie Bedeutsamkeit und Sinn mittlerweile absolut elementar für ein glückliches Berufsleben sind. Sinnsuche heißt, immer wieder in sich zu gehen und sich zu fragen: Wie fühle ich mich, wenn ich dieses oder jenes tue?

Doch Sinn ist nicht gleich Sinn, das wäre zu einfach. Sinn ist für jeden etwas anderes. Du kannst ihn beispielsweise erfahren in einer kreativen Tätigkeit, im Umgang mit Menschen, Tieren, Zahlen, Blumen, beim Sport oder im sozialen Engagement. Die Liste ist endlos. Eine Tätigkeit, die dir sinnvoll erscheint, wird sicherlich jetzt schon Teil deines Lebens sein, denn Sinnerleben ist wie Luft zum Atmen. Dabei handelt es sich um eine Sache, die dir immer wieder Kraft spendet und dir ungeahnten Antrieb schenkt, um etwas, wofür du dankbar bist, es tun zu dürfen, um eine Energie, die dich wahrscheinlich ziemlich glücklich macht, wenn du sie spürst – und zwar jeden einzelnen Tag. Die Karriereberaterin Barbara Sher beschreibt Sinnerleben so:[33]

„Wir wissen nicht, warum etwas Bestimmtes für Sie bedeutungsvoll ist. So wie Ihre Identität scheint diese Empfindung einfach da zu sein. Sinnhaftigkeit muss man lediglich für sich entdecken. Wenn etwas sinnvoll und bedeutsam für Sie ist, entsteht eine Verbindung zwischen Ihrer Begabung und dem Rest der Welt. Egal ob Sie Gärtner oder Architektin, Filmemacherin oder Arzt sind, wenn Sie die richtige Arbeit tun, spüren Sie eine Verbindung zu Ihrer Seele sowie zur Welt."

Deswegen wünschen sich wohl viele Menschen brennend, ihren Beruf als sinnvolles Tun zu erleben. Sie glauben aber oft, dass sich dies nicht verwirklichen lässt. Für mich beispielsweise war es immer schon das Schreiben, das mich mit Sinn erfüllte. Jedoch habe ich nie ernsthaft in Erwägung gezogen, es zu meinem Beruf zu machen. Meine Umwelt hatte mir davon abgeraten. Doch nach zwanzig Jahren voller Zweifel hältst du den

Erfolg jetzt in der Hand: das Buch, in dem du gerade liest.

Wenn „Sinn im Job" auch für dich ein wichtiges Thema ist, solltest du dir intensiver darüber Gedanken machen. Brigitte Schorr empfiehlt, sich selbst und die eigenen Werte und Haltungen immer wieder zu reflektieren.[34] Werde dir darüber bewusst, wie du zum Begriff der Arbeit stehst. Frage dich, ob sie für dich eher eine Verpflichtung ist oder du auch Freude dabei empfinden darfst. Und, falls hauptsächlich Pflicht: Warum denkst du das? Waren deine Eltern bereits dieser Meinung und haben dich vielleicht unbewusst in dieser Hinsicht geprägt? Und vor allem: Wie wäre es denn, wenn du gar nicht aufs Geldverdienen angewiesen wärst? Was genau würdest du tun oder welche Richtung würdest du einschlagen? All diese theoretischen Gedankenspielereien können dir wertvolle Impulse liefern, wohin deine berufliche Reise gehen kann. Natürlich musst du dein Bedürfnis nach Sinn irgendwie mit den finanziellen Gegebenheiten vereinbaren. Doch selbst wenn du nur einen kleinen Schritt in die richtige Richtung gehst, werden weitere folgen, bis dein Job schließlich besser mit deinen Bedürfnissen übereinstimmt.

Anne Heintze empfiehlt vier Fragen, mit denen du deinem Herzensthema auf die Spur kommen kannst:[35]

1. **Was mache ich wirklich gut und gern?**
2. **Gibt es eine Möglichkeit, damit Geld zu verdienen (kleine Anmerkung von mir: und sei es zunächst nur nebenbei)?**

3. **Für welches Lebensziel oder welche Art von Leben würde ich große Anstrengungen unternehmen?**

4. **Was wird mich jeden Morgen mit einem Lächeln aufstehen lassen?**

SPUR NUMMER 2: DEINE PERSÖNLICHEN SWEET SPOT MARKER

Zunächst: Was ist ein Sweet Spot? Anne Heintze[36] beschreibt diesen Punkt so:

„Den Sweet Spot zu finden und zu leben bedeutet nicht nur, den idealen Schnittpunkt zwischen der eigenen Leidenschaft, den eigenen Stärken sowie dem Bedarf danach zu finden. Mit der Zeit kann sich der Markt ändern oder wir entwickeln andere Interessen oder rücken andere Talente in den Vordergrund. Daher solltest du keine Angst vor Veränderungen in deinem Leben haben. (...) Habe keine Angst davor, die Aspekte deines Lebens zu verwerfen, die dich innerlich nicht mehr erfüllen, und neue Dinge zu versuchen, die für dich spannend werden. Behalt deine Balance im Leben und sorg dafür, dass du dich nie davor scheust, das zu tun, was dich als leisen Menschen glücklich macht."

Was du mittlerweile ja ebenfalls schon recht gut weißt: Zart besaitete Menschen kommen beruflich in die effektive Zone, wenn sie sich in einem wertschätzenden, sinnstiftenden Umfeld bewegen, in dem sie ihre Fähigkeiten optimal ausleben können. So weit, so gut. Aber dies hängt wiederum noch von einigen Unterfaktoren ab. Diese lernst du nun kennen, es sind die *Sweet Spot Marker*.

Ist es dir schon einmal passiert, dass du eine Stellenbeschreibung gelesen hast, bei der du dachtest: Die Stelle *muss* ich unbedingt haben!? Nachdem du sie dann angetreten hattest, vergingen einige Monate und plötzlich war dein Enthusiasmus von einem Tag auf den anderen verschwunden? Mir kommen öfters solche Berichte zu Ohren. Nicht wenige Feinsinnige machen nach einem unbedachten Jobwechsel folgende Erfahrungen:

Sie fühlen sich nach kürzester Zeit …

- überfordert,
- unterfordert,
- wie der „nette und liebe" Mitarbeiter, der für jeden immer alles macht und dabei lächelt,
- nicht wohl in einem stickigen Büro mit steriler Atmosphäre,
- abgelehnt von so manchen Kollegen und Vorgesetzten,
- von der Masse an Arbeitsaufgaben überrollt,
- untergebuttert, weil sie weniger verdienen als andere in ihrer Position,
- ängstlich, weil ihnen die Berufspraxis fehlt und sie wenig Selbstvertrauen besitzen,
- traurig, weil es wieder nicht „der" Job ist,
- unzufrieden, weil es ihnen jeden Morgen davor graut, zur Arbeit zu gehen,
- abgeschnitten von ihrer wahren Passion,
- unverstanden von diversen Mitmenschen,
- nicht wertgeschätzt von Vorgesetzten,

- in den eigenen Moralvorstellungen nicht verstanden,
- in sinnlosen Tätigkeiten gefangen,
- von zahlreichen Eindrücken überreizt,
- gehetzt, weil sie keine Möglichkeit haben, Pause zu machen oder sich zurückzuziehen,
- wie ein Vogel im Käfig und der Freiheit beraubt.

Was ist diesen Menschen passiert? Möglicherweise haben sie sich zu wenig Gedanken darüber gemacht, was sie von einer Arbeitsstelle als feinfühlige Person erwarten. Sie hätten die *Sweet Spot Marker* beachten und sich vier W-Fragen stellen sollen. Sie lauten:

1. *Wo* will ich arbeiten?

2. Mit *wem* will ich arbeiten?

3. *Wie* will ich arbeiten?

4. Unter *welchen* Bedingungen will ich arbeiten?

Dies sind sehr einfache Fragen, aber dahinter steckt mehr, als du auf den ersten Blick vielleicht denkst. Du solltest dir sehr genau bewusst sein, wie deine Antworten auf diese Fragen lauten, denn sie ergeben dein ganz persönliches Jobprofil – eine sehr persönliche Aussage darüber, was sich für dich gut anfühlt und was nicht. Jedoch ist das Profil nicht statisch, genauso wenig wie du es bist. Im Laufe der Zeit können sich deine Interessen durchaus wandeln. Das ist nicht schlimm, jedoch solltest du dann bei einem erneuten beruflichen Veränderungswunsch überprüfen, ob sie noch aktuell sind. Keine Sorge, wir gehen gleich gemeinsam Schritt für Schritt die *Sweet Spot Marker* anhand von Beispielen durch.

Vorab vielleicht noch eine sehr wichtige Information: Es gibt (leider oder Gott sei Dank?) nicht den einen passenden Beruf für alle feinfühligen Menschen. Luca Rohleder, Autor von „Die Berufung für Hochsensible", erläutert dies im meinweg-deinweg-Interview folgendermaßen:[37]

„Hochsensible sind Multitalente. Sie können sich in nahezu jedes Themengebiet einarbeiten. Dies ist auch die Ursache, warum sie in fast allen Berufsfeldern vorzufinden sind. Dabei spielt natürlich die ausgeprägte Empathie von Hochsensiblen eine maßgebliche Rolle. Aber auch diese ist vielfältig einsetzbar. Besonders Verkäufer oder Unternehmer können so nicht nur optimale und enge Kundenbindungen schaffen, sondern auch besonders präzise und schnell Kundenwünsche erspüren. Dann sind Umsatzsteigerungen und der berufliche Erfolg vorprogrammiert. Selbstverständlich können empathische Gaben auch von großem Vorteil sein bei Mitarbeitergesprächen und in der Schaffung einer guten Teamatmosphäre. Aber auch die Chefin oder der Chef im Hintergrund, der andere den Vortritt lässt, aber dennoch subtil alle Fäden in der Hand hält und schneller als andere spürt, wenn etwas im Argen liegt, ist eine typische Position, für die Hochsensible gut geeignet sind. Nicht zu vergessen ist auch der soziale Bereich. Besonders dort sind empathische Fähigkeiten schön einsetzbar. Sie sehen, es gibt keine bestimmte Fixierung von Hochsensiblen auf bestimmte Berufe."

Genauso wenig wird wahrscheinlich eine Arbeitsstelle existieren, bei der alle Rahmenbedingungen, die du dir im Anschluss erarbeitest, zu hundert Prozent gegeben sind. Das bedeutet aber nicht, dass du nicht trotzdem mit deiner Arbeit glücklich sein kannst. Meiner Meinung nach kommt es immer darauf an, auf was man verzichten muss. Manche Ansprüche müssen unbedingt erfüllt sein, andere wiederum nicht. Falls du dich also fragst, ob du dich für eine bestimmte Stelle entscheiden solltest, obwohl du einige Abstriche machen müsstest, so überprüfe bitte sehr genau, ob diese Abstriche, wenn du die Rahmenbedingungen insgesamt betrachtest, akzeptabel sind.

Du ergatterst eine Stelle, die deinem Interessensgebiet total entspricht und in der deine Kreativität voll zur Geltung kommt. Leider befindet sich dieser Arbeitsplatz in einer anderen Stadt: Dazwischen liegen 50 Kilometer Autobahn und eine nervenaufreibende Dauerbaustelle, welche für die nächsten sechs Jahre geplant ist. Die entscheidende Frage, die du dir dann stellen musst: *„Will ich mich für diesen Herzensjob wirklich täglich durch den unvermeidbaren Stau quälen?“*
Oder aber du bekommst ein Angebot eines sozialen Vereines, der sich für den Schutz bedrohter Tierarten einsetzt. Leider deckt das Gehalt gerade einmal deine Fixkosten, in dir schreit aber alles nach diesem Job. Die Frage ist, welchen Preis bist du dafür bereit zu zahlen? Willst du lieber weitersuchen und hoffen, dass ein ähnliches Angebot mit mehr Gehalt kommt? Oder vielleicht noch einen Nebenjob annehmen? – Schwierig und Abwägungssache.

Was dir beim Abwägen helfen kann: bisherige Erfahrungswerte und dein Intuitionsvermögen. Eine Pro-und-Contra-Liste ist zwar ebenfalls praktisch, wirklich entscheidend ist meines Erachtens aber dein ureigenes Bauchgefühl. Dazu aber später mehr.

Bevor wir mit den W-Fragen weitermachen, möchte ich dir zum Einstimmen gerne ein paar allgemeine Hinweise von HSP-Coach Ulrike Hensel nahebringen, die aufgrund ihrer langjährigen Erfahrung gut einschätzen kann, welche Arbeitsbedingungen für das eigene empfindsame Wesen eher förderlich sein können und welche nicht:[38]

- Leistungsdruck und ein Übermaß einstürmender Reize (z. B. ständiges Telefonklingeln, reger Besucherkontakt, sehr häufiger E-Mail-Eingang) sind Gift für Menschen mit sehr feinen Antennen. Dies kann sie hemmen und ihre Konzentration beeinträchtigen. Besser ist es, wenn sie sich eine Arbeitsumgebung schaffen, die konzentriertes Arbeiten ermöglicht. Sie sind dann in der Lage, eines nach dem anderen (im eigenen Tempo und fokussiert) abzuarbeiten.
- Jeder Arbeitstag ist anders und Überstunden sind an der Tagesordnung? Das ist eher schlecht für ein sensibles System. Vorteilhafter sind einigermaßen kalkulierbare Abläufe und Zeit zum Auftanken zwischendurch. Auch sollten sehr feinfühlige Menschen auf eine ausgewogene „Work-Life-Balance" achten (wie du das tust, erkläre ich dir später in Abschnitt 2.2).
- Viele Hochsensible legen weniger Wert auf finanziellen Reichtum als vielmehr auf das Gefühl, mit ihrer Arbeit etwas Bedeutsames zu tun, d. h., die Welt ein Stückchen besser zu machen. Dies schaffen sie am besten an einer Arbeitsstelle, die Eigenverantwortung, Eigeninitiative und Kreativität ermöglicht. So sollte auch dein neuer Arbeitgeber ticken.
- Öffentliche Auftritte sind für feinfühlige Menschen eher negativ besetzt. Lieber agieren sie im Hintergrund, behalten jedoch den Blick für das große Ganze. Solltest du ebenso empfinden, suche dir lieber eine Stelle, in der du nicht ständig im Rampenlicht stehst und trotzdem – auf deine leise kompetente Weise – gut wirken kannst.

- Die Wörter Konkurrenzkampf und Wettbewerb verursachen bei vielen Feinfühligen Gänsehaut. Sie bevorzugen eine harmonische Zusammenarbeit und gegenseitige Unterstützung. Wenn dies auch bei dir der Fall ist, musst du aufpassen, dass diese Unterstützung immer auf Gegenseitigkeit beruht – nicht dass du irgendwann in die Rolle des alleinig Helfenden rutschst und dich wunderst, warum *dir* keiner mehr hilft ...
- Ein Job an der telefonischen Beschwerdehotline für Kunden? Dies ist für Feinfühlige nicht zu empfehlen, weil ihre Haut nicht so dick ist wie die eines Normalsensiblen. Kritik perlt bei ihnen nicht so einfach ab, nicht selten nehmen sie es auch sehr persönlich. Das zermürbt auf Dauer. Besser ist ein Kundenkontakt, bei dem sie authentisch sein und beraten dürfen. Stehen sie selbst völlig hinter dem, was sie anbieten, wird eine Win-win-Situation geschaffen, die für alle Beteiligten ein fruchtbares Miteinander ermöglicht.

Heilpraktiker und Coach Stephan Lang[39] denkt, dass hochsensible Menschen im Berufsleben unbedingt Abwechslung und genügend Zeit für die Erledigung ihrer Aufgaben brauchen. Ein hohes Maß an Druck ist dabei kontraproduktiv – dies hemmt die Kreativität zu sehr. Besser zum sensiblen Wesen passt eine Arbeit, *„in der es ausschließlich auf das Endprodukt ankommt und irrelevant ist, in welcher Zeit dieses hergestellt wurde"*. Das ist zum Beispiel in auftragsbasierten und künstlerischen Bereichen sowie bei einer Beratungstätigkeit möglich.

Selbst wenn du dich vielleicht nicht am oberen Ende der Sensibilitätsskala befindest, ist es sinnvoll, diese Tipps zu beachten und dich den nachfolgenden Fragen zu stellen. Nur so kannst du klären, welche Vorlieben du in Bezug auf dein

Berufsleben hast, und dieses dementsprechend gut darauf abstimmen. Damit beugst du einer Gefahr vor, auf die Berufscoach Monika Birner[40] in ihrem äußerst empfehlenswerten Buch „Kurswechsel im Beruf" hinweist. Sie warnt davor, dass die Mehrzahl der Menschen sich bei einem beruflichen Umsatteln hauptsächlich auf den *Inhalt* der neuen Tätigkeit konzentriert, darüber hinaus aber ebenfalls wichtige Variablen wie *den eigenen Arbeitsstil*, *die Zusammenarbeit mit anderen* und *das Umfeld* vernachlässigt. Das kann dazu führen, dass die eigenen Fähigkeiten – selbst, wenn du dich grundsätzlich sogar im „richtigen" Job befindest – nicht optimal zur Geltung gebracht werden können.

Genau diese Erkenntnisse habe ich im nachfolgenden W-Fragen-System komprimiert und um eigene Einsichten in Bezug auf Feinfühligkeit erweitert. Dabei erhebe ich keinen Anspruch auf Vollständigkeit, natürlich gibt es jederzeit Raum für persönliche Ergänzungen von deiner Seite. Ich kann dir immer nur Hinweise geben, ob sich etwas gut oder schlecht für dich anfühlt, wirst du selbst am besten wissen.

Bevor du loslegst, eine kleine Anmerkung am Rande: Zu jeder W-Frage gibt es ein paar Beispiele, von denen das eine oder andere vielleicht auf dich zutrifft.

Nimm dich bei den nachfolgenden Fragen ein wenig unter die Lupe und frage dich: Welche der Optionen spricht mich spontan an? Vergiss nicht: Die ersten Impulse sind gerade bei feinfühligen Menschen oft die besten!

Los geht's mit Frage 1:

1. *WO* WILL ICH ARBEITEN?

- ↻ Bereich Wirtschaft, Gesundheit, Beratung, Finanzen, Maschinenbau, Versicherung, Sozialbranche, Informationsverarbeitung, Verkauf usw.? Eine ausführliche Übersicht von mehreren Anbietern findest du im Internet unter dem Stichwort „Branchen der deutschen Wirtschaft".
- ↻ In einem großen oder kleineren Unternehmen, für eine Non-Profit-Organisation, eine Behörde, in der Schule, auf dem Bauernhof, bei einer Privatperson usw.?
- ↻ In der Stadt oder auf dem Land?
- ↻ Im Großraumbüro, in einem kleinen Büro, nicht im Büro, im Laden, Café, draußen, in einer Privatwohnung (die auch deine eigene sein kann, z. B. Homeoffice) usw.?
- ↻ Eigene Ergänzung:

....

....

....

....

....

2. MIT *WEM* WILL ICH ARBEITEN?

- ↻ Mit Menschen, Tieren, Pflanzen, Produkten, Dienstleistungen, Objekten usw.?
- ↻ Alleine oder ...
- ↻ im (Zweier-, Dreier-, Vierer- oder einem noch größeren) Team?

- Mit strukturierten, spontanen, offenen, sachbezogenen, kommunikativen Personen usw.?
- Eigene Ergänzung:

....

....

....

....

....

3. *WIE* WILL ICH ARBEITEN?

- Bin ich ein künstlerisch oder sprachlich begabter Mensch, designe ich gerne oder arbeite ich lieber mit den Händen, mag ich Bewegung und spüre gerne meinen Körper, berate ich gerne, mag ich Zahlen, Bücher, Musik oder …? Diplom-Psychologin Sylvia Harke beispielsweise unterscheidet hier zwischen folgenden Veranlagungen:[41] *visuell, akustisch, olfaktorisch, haptisch, körperorientiert, therapeutisch bzw. empathisch und analytisch bzw. mental*. Sie meint, je nach Veranlagung solle am besten ein entsprechender Beruf gewählt werden. Du bist dir unschlüssig über deine Stärken? Absolviere einen Stärkentest im Internet oder informiere dich bei der Berufsberatung der Agentur für Arbeit.
- Stehe ich gerne in der Öffentlichkeit und präsentiere mich oder bin ich eher zurückhaltend?
- Eigene Ergänzung:

....

....

....

....

....

Gerade die Öffentlichkeitsfrage ist nicht zu verachten, denn sie hat wieder etwas mit Extra- und Introversion zu tun. Dies kann einen elementaren Unterschied bei ein und derselben Berufswahl ausmachen.

Bist du zum Beispiel Schriftsteller und introvertiert, wird es sich wahrscheinlich für dich nicht so angenehm anfühlen, auf Buchlesungen zu gehen und dich einem öffentlichen Publikum zu stellen, wohingegen der zurückgezogene Ort, an dem du schreibst, Balsam für deine Seele ist. Das heißt natürlich nicht, dass du öffentliche Auftritte nicht hin und wieder auch gut stemmen kannst, jedoch wird es dich wahrscheinlich deutlich mehr anstrengen als einen Extravertierten.[42]

Aus diesem Grund scheint es wirklich sinnvoll, dass du dir vor einer Entscheidung für eine Tätigkeit darüber Gedanken machst, ob du eher extra- oder introvertiert bist.

Widmen wir uns jetzt der letzten Frage. Diese halte ich – neben der Sinnfrage – für am entscheidendsten hinsichtlich einer guten Berufswahl.

Bitte erschrick nicht, wenn du all die kommenden Aussagen liest. Sie sind dazu da, dass du dir ein genaueres Bild von dir und dem, was du brauchst, machen kannst. Oft ist uns dies in einer prekären Jobsituation ja gar nicht so klar. Stattdessen bemerken wir nur, dass „irgendetwas" nicht passt, und spüren eine subtile Unzufriedenheit. Nur wo der Hund begraben liegt, wissen wir oft gar nicht. Hier kommt Frage Nr. 4:

4. UNTER *WELCHEN* BEDINGUNGEN WILL ICH ARBEITEN?

Vorab, grundsätzlich geht es eigentlich um diese beiden Fragen:

- Was stresst mich?
- Was stresst mich nicht?

Da dies nicht immer so leicht zu beantworten ist, habe ich für dich einfach ein paar Einzelaussagen erstellt. So kannst du schauen, in welcher dieser Aussagen du dich wiederfindest.

Ich bin …

- ☐ Multitasker und liebe es, unterschiedliche Aufgaben parallel zu erledigen.
- ☐ detailverliebt und in meiner Arbeit sehr genau.
- ☐ jemand, der auf unvorhergesehene Situationen prompt reagieren kann.
- ☐ jemand, der eine gute Vorbereitung braucht.
- ☐ in meiner Arbeitsweise schnell und effektiv.
- ☐ jemand, der Zeit und Ruhe für die Erledigung von Aufgaben benötigt.
- ☐ Eigene Ergänzung:

....

....

....

....

....

Ich brauche …

- ☐ eine Person, die mir klar sagt, wie ich was zu machen habe.
- ☐ niemanden, der mich anleitet – ich mache lieber mein eigenes Ding.
- ☐ in einem vorgegebenen Rahmen die Möglichkeit zur selbständigen Entscheidungs- und Handlungsbefugnis.
- ☐ Harmonie, Fairness und persönliche Sympathie in meinem Umfeld.
- ☐ eine korrekte Behandlung meiner Person ohne starke persönliche Bindungen – die Sache zählt.
- ☐ immer einmal wieder die Möglichkeit, mich zurückzuziehen.
- ☐ ständige Präsenz, damit ich so richtig loslegen kann.
- ☐ ein lebendiges Treiben um mich herum.
- ☐ Ruhe, Zeit, Muße und Abgeschiedenheit.
- ☐ die Möglichkeit, meine Ideale und Wertvorstellungen im Job einzubringen.
- ☐ ein festes Leitbild meines Arbeitgebers, nach dem ich mich richte.
- ☐ Eigene Ergänzung:

....

....

....

....

....

Ich möchte gerne …

- ☐ wissen, was auf mich zukommt, und jeden Tag das Gleiche tun.
- ☐ Abwechslung in meinen Tätigkeiten.
- ☐ zeitlich befristet arbeiten.
- ☐ am selben Ort arbeiten.
- ☐ die Stadt wechseln.
- ☐ reisen.
- ☐ am selben Ort arbeiten und gelegentlich reisen.
- ☐ meine Zeit frei einteilen.
- ☐ von vorgegebenen Zeitstrukturen profitieren.
- ☐ Eigene Ergänzung:

....

....

....

....

Ich will jemand sein, der …

- ☐ Vollzeit arbeitet (40 und mehr Stunden).
- ☐ Teilzeit arbeitet (weniger als 40 Stunden).
- ☐ selbständig ist.
- ☐ flexibel arbeitet.
- ☐ Eigene Ergänzung:

....

....

....

....

Du bist in dich gegangen? Sehr schön! Wenn du dir vor einer beruflichen Neuorientierung in aller Ruhe genau über diese Fragen intensiv Gedanken machst, hast du schon viel gewonnen. Denn: Erst, wenn du erkennst, wer du bist und was du willst, kannst du in Zukunft so agieren, dass du genau das bekommst.

Beziehe bei deiner Reflexion die im Moment möglicherweise negative Jobsituation mit ein und lerne aus ihr. Nur dazu ist sie da! Sie soll dich auf etwas hinweisen, was du nicht mehr willst. In ihr steckt also ein wertvoller Schlüssel dazu, wie deine berufliche Zukunft sich idealerweise gestalten sollte.

Nebenbei erwähnt: Die wenigsten Umsteiger wechseln in vollkommen neue Berufsbereiche.[43] Normalerweise findet sich immer eine Verbindung zwischen der ersehnten neuen Arbeitsstelle und dem bisherigen Werdegang, sei es in Form von bereits absolvierten Ausbildungen, Fachkenntnissen, persönlichen Interessen oder Hobbys. Somit profitierst du von einem bereits vorhandenen Erfahrungsschatz, den du in dein neues Berufsleben integrieren kannst.

Um eine passende Tätigkeit zu finden, solltest du deine Fähigkeiten ganz genau kennen und wissen, was dir guttut und was nicht. Lerne zudem aus „Fehlern" deiner Vergangenheit und versuche, sie in Zukunft zu vermeiden. Erst mit diesem Wissen kannst du genau abschätzen, ob eine mögliche neue Stelle zu deinem Profil passt.

1.4 Vergiss dein nicht:

Persönliche Werte

Vor einiger Zeit berichtete mir eine 45-jährige Angestellte von ihren Erfahrungen im Berufsleben:

„Hallo Nicole. Ich bin von Beruf Altenpflegerin und war schon in verschiedenen Heimen tätig. Eigentlich liebe ich meinen Job, die Arbeit mit den alten Leuten macht mir Freude und gibt mir das Gefühl, etwas Sinnvolles zu tun. Trotzdem wird die Arbeit im Altenheim in den letzten Jahren immer schlimmer – das liegt unter anderem daran, dass wir immer mehr Bürokratie ausgesetzt sind, und zum anderen daran, dass wir immer weniger Personal zur Verfügung haben. Das führt zu Engpässen. Ist einer von uns krank, werden die anderen angerufen und gefragt, ob sie nicht ‚einspringen' wollen. Tja, was antwortest du, wenn du weißt, dass deine Kollegen am Rad drehen, du aber dringend selbst eine Pause benötigst? Meistens lasse ich mich überreden zu kommen, allerdings auf Kosten des Familienfriedens. Was mir am meisten zu schaffen macht: Wenn ich dann da bin, habe ich nicht die Zeit für die alten Leute, die ich gerne hätte. Stattdessen hetze ich von Zimmer zu Zimmer, versorge und vertröste. Da kommt es schon mal vor, dass ein alter Mensch eine Stunde auf der Toilette sitzt und warten muss, weil niemand dazu kommt, ihm wieder runterzuhelfen. Ich fühle mich zerrissen zwischen den Ansprüchen …"

Klingt alles andere als entspannt, oder? Was vermutest du: Warum nur fühlt sich diese Frau innerlich so zerrissen? Ich habe da so eine leise Ahnung. Sie lautet: Die Betroffene hat einen Konflikt mit ihren inneren Werten, d. h., sie *möchte* etwas tun (sich ausreichend und intensiv den Senioren widmen), *kann* es aber aufgrund äußerer Umstände (Pflicht zur schriftlichen Dokumentation der Arbeitsvorgänge, Personalmangel) nicht. So etwas kann im Job leider öfters passieren und einen sensiblen Menschen ziemlich belasten. Dabei ist die Berücksichtigung eigener Wertvorstellungen im Berufsleben für jeden wichtig. Viele Arbeitnehmer sind sich dessen aber gar nicht richtig bewusst und fragen sich, warum sie sich in bestimmten Positionen so unwohl fühlen.

Karriere- und Business-Coach Dr. Bernd Slaghuis schreibt in seinem Blog,[44] dass persönliche Werte häufig ausschlaggebend dafür sind, ob wir uns in einem Job wohlfühlen oder nicht. Werte schenken uns Kraft für die Erfüllung unserer Aufgabe und spornen uns an – sind sie nicht erfüllt, arbeiten wir unbewusst dagegen an und fühlen uns unwohl. Slaghuis berichtet, dass Werte durch Prägung, Erziehung und gesellschaftliche Einflüsse geformt werden. Jedoch bleiben sie im Laufe eines Lebens nicht statisch, sondern können sich immer wieder verändern. Als Beispiel führt der Karriere- und Business-Coach einschneidende Erlebnisse wie die Geburt eines Kindes an. So erlebt er viele Arbeitnehmer, für die vor der Familiengründung Karriere und Aufstieg unabdingbar sind, die danach jedoch eher nach Familienzeiten und Sicherheit streben. Interessehalber hat er eine Umfrage unter seinen Klienten gestartet und wollte wissen, welche Werte ihnen hauptsächlich fehlen, wenn sie im Job unglücklich sind. Diese fünf wurden genannt:

1. Freiheit (56 Prozent)
2. Sinn (51 Prozent)
3. Freude (49 Prozent)
4. Anerkennung (30 Prozent)
5. Herausforderung (27 Prozent)

Nun ja, gerade diese Wertvorstellungen dürften dir als ruhigen Menschen wahrscheinlich nicht so ganz fremd sein. Trotzdem gilt: Werte sind *nicht* objektiv. Stattdessen hat jeder seine eigenen, was das Ganze nicht unbedingt leichter macht. Kurzum: Was dem einen sehr am Herzen liegt, kann für den anderen völlig unwichtig sein! Das führt manchmal zu Problemen – und zwar nicht nur im Berufsleben. Was darüber hinaus interessant ist: Manchmal kann ein tatsächliches *Verleugnen* der eigenen Werte sogar so weit führen, dass es zu Krankheiten wie einem Burnout kommt. Dr. med. Thomas Bergner, erfahrener Burnout-Präventionsberater, warnt sehr eindringlich davor, sowohl fremde als auch die eigenen Wertvorstellungen zu missachten. Er meint, wer dies tut, komme in einen inneren Widerspruch, was dazu führen könne, dass man seinen Job nicht mag und – wenn es ganz schlimm kommt – dass man krank wird.[45]

Erinnerst du dich noch an das Interview mit Luca Rohleder, dem HSP-Experten aus Abschnitt 1.2?

Er vertritt die Ansicht, dass gerade Hochsensible sich besonderen Herausforderungen stellen müssen, um beruflich ihren Platz zu finden bzw. zufrieden zu sein.[46] Eine dieser Herausforderungen ist der im Arbeitsleben leider des Öfteren vorkommende Widerspruch zu den eigenen Werten. Rohleder weist darauf hin, dass hochsensible Personen *„durch ihre ausgeprägte Intuition sehr schnell bemerken, ob Arbeitsanweisungen oder sonstige Aussagen durch Vorgesetzte nicht kohärent sind, kontraproduktiv erscheinen oder sich mit ihren hohen ethischen Werten nicht vereinbaren lassen"*. Grund genug, dass du dir – besonders in der beruflichen Umbruchsituation, in der du gerade steckst – intensiv Gedanken über deine persönlichen Wertvorstellungen machen solltest. Bist du dir deiner Wertvorstellungen bewusst, kann sich das sehr vorteilhaft auf deinen weiteren beruflichen Weg auswirken. Wenn du einen für dich wichtigen Wert verinnerlicht hast, kennst du nämlich auch dein Ziel,[47] d. h., du weißt, wie du leben und handeln möchtest. Das bedeutet, dass deine Werte dir eine grobe Richtung vorgeben und einen Weg weisen – was im Dickicht beruflicher Unwissenheit (und manchmal Verzweiflung) sehr wertvoll sein kann. Denn sicherlich ergeht es nicht nur dir so: Wenn du etwas wirklich willst, lässt du dich von Rückschlägen nicht so schnell aus der Bahn werfen. Stattdessen wirst du deinen Weg in diese Richtung immer weitergehen, auch wenn es Höhen und Tiefen gibt. Der Grund dafür:

Dein Ziel ist es wert, dafür zu kämpfen.

Du handelst also im Sinne eines für dich höheren Wertes. Das hat die Fachwelt schon vor längerer Zeit erkannt: Diplom-Psychologe Matthias Wengenroth beschreibt Werte sogar als eine Art „*Kompass*“.[48] Sie sorgen dafür, dass du dich auf deinem Weg durchs Leben nicht verirrst und deinen Zielvorstellungen treu bleibst, selbst wenn du manchmal vielleicht zweifelst oder Angst hast. Bewusste Wertevorstellungen ermöglichen es dir immer wieder, zu überprüfen, ob du auf deinem Weg noch stimmig handelst. Sie schenken dir die Kraft, weiterzugehen – selbst wenn das Leben dir manchmal Knüppel zwischen die Beine wirft.

Werte weisen dir den Weg zu einem erfüllten Berufsleben. Inwiefern hast du ihnen bislang Aufmerksamkeit geschenkt?

Kennst du deine persönlichen Werte? Matthias Wengenroth[49] schlägt in seinem Buch eine gute Methode vor, wie du erkennen kannst, was für dich wichtig ist. Ich ändere das Vorgehen ein wenig ab und beziehe mich nur auf das für uns relevante Thema Beruf. Natürlich kannst du das Ganze jederzeit genauso auf andere Bereiche deines Lebens (Partnerschaft, Gesundheit, Familie usw.) übertragen.

Fangen wir am besten mit einer Frage an. Sie lautet: Hast du dich zu irgendeinem Zeitpunkt einmal *bewusst* mit deinen jeweiligen Gefühlszuständen beschäftigt? Falls ja, was ist dir dabei aufgefallen? Vielleicht, dass du tendenziell eher danach strebst, negative Gefühle zu vermeiden und nur die positiven zuzulassen? Ich kann dich beruhigen, damit bist du in guter Gesellschaft, die wenigsten Menschen machen das anders. Trotzdem sind negative Gefühle per se gar nicht einmal so schlecht, sogar ganz im Gegenteil: Sie können dir nutzen, weil sie (übrigens genauso wie gute Gefühle) ein hilfreicher Wegweiser zu deinen Werten sein können. Beobachte dich und deine Gefühlszustände bitte hierfür die nächste Zeit ein bisschen intensiver, d. h., immer, wenn du in einer Situation *intensive Gefühle* (ob positive oder negative) hast, sollten deine imaginären Alarmglocken anfangen zu klingeln.

Du sitzt mit einem Kollegen im Büro, als plötzlich ein wütender Kunde hereinstürmt. Alleine schon seine laute Ausdrucksweise und die aufgebrachte Art machen dich nervös. Dein Kollege jedoch bleibt völlig ruhig, bietet dem Kunden freundlich einen Platz an und hört ihm aufmerksam bei seiner Problemschilderung zu. Nach einiger Zeit beruhigt sich der Kunde und ist für den Lösungsvorschlag deines Kollegen offen. Als der Kunde hinausgeht, lächelt er sogar wieder ein bisschen. Das berührt dich sehr. Warum? Wahrscheinlich, weil in diesem Fall ein für dich wichtiger Wert (z. B. Hilfsbereitschaft oder Besonnenheit) *stellvertretend* von einem *anderen Menschen ausgelebt* wurde. Das bedeutet: Dein Kollege hat die Situation entspannt gemeistert und sich nicht aus der Ruhe bringen lassen. Er handelte also in einer stressreichen Situation besonnen und hilfsbereit – genauso, wie du es gerne getan hättest. Grund genug anzunehmen, dass das Ausleben dieser Werte im Job vielleicht wichtig für dich sein könnte.

Natürlich gibt es auch Situationen, in denen du *negative* Gefühle hast. Das ist ein Hinweis darauf, dass deine Wertvorstellungen höchst wahrscheinlich verletzt wurden.

Es ist 8 Uhr morgens. Du sitzt am Computer und dein Kollege betritt den Raum. Gut gelaunt begrüßt du ihn mit einem *„Guten Morgen"*, doch er starrt dich nur mufflig an und knallt sich an seinen Rechner. Sofort hat sich deine gute Laune verabschiedet und du bist sauer. Warum? Ein Wert, der dir sehr wichtig ist, wurde verletzt: das Gebot der Höflichkeit.

Matthias Wengenroth beschreibt das so:[50]

„Die Art des Gefühls kann dabei darauf hinweisen, ob ein bestimmter Wert in Gefahr ist (z. B. Angst, Sorge), verloren gegangen ist (z. B. Traurigkeit), angegriffen wurde (z. B. Ärger) oder ob ihm Geltung verschafft wurde (z. B. Freude, Zufriedenheit, Rührung)."

Gefühle sind also wichtige Indikatoren dafür, dass ein persönlicher Wert auf irgendeine Art und Weise berührt wurde. Um dies näher zu ergründen, empfiehlt der Autor, eine Zeit lang eine Art *Wertetagebuch*[51] zu führen. Das heißt, schreibe Situationen, Gedanken und Gefühle auf, die dich auf irgendeine Weise berührt haben und überlege dir danach, welcher tiefere Wert hinter deinen Gefühlen steckt.

„Vor einer Woche hatte ich ein Vorstellungsgespräch in einer Behörde. Es lief gut, und gestern bekam ich die Zusage, dass ich die Stelle antreten könne. Trotz all der Vorteile des öffentlichen Dienstes bin ich traurig *(Gefühl!)*. Ich vermute, wenn ich dort anfange, bin ich in starren Strukturen gefangen und kann nicht mehr tun und lassen, was ich will *(Wert!)*."

In diesem Fall scheint es so zu sein, dass für die Person Unabhängigkeit einen wichtigen Wert darstellt. Dieser könnte bei der Arbeit in einer Behörde mit all ihren Vorschriften und Regeln zu kurz kommen. Hier gilt es gründlich abzuwägen, denn der neue Job sollte zu dir und deinen Wertvorstellungen passen.

Im Berufsleben können persönliche Wertvorstellungen auch durchaus miteinander konkurrieren. So kann es z. B. sein, dass du aktuell zwar unter einem cholerischen Chef leidest (mögliche verletzte Werte: Respekt, Anerkennung), dich aber mit deinen Kollegen ganz wunderbar verstehst (mögliche erfüllte Werte: Teamgeist, Harmonie). Eine Frage, die sich dir dann durchaus aufdrängen könnte, ist diese:

Welcher Wert ist *für mich* in diesem Fall *entscheidender*?

Viele Menschen wechseln, nachdem sie sich diese Frage gestellt haben, ihre Arbeitsstelle, weil sie eine dauerhafte Verletzung eines für sie bedeutsamen Wertes nicht ertragen können. Das ist nicht zu verurteilen, jedoch ist es vor diesem Schritt auf jeden Fall sinnvoll, sich noch einmal intensiv darüber Gedanken zu machen, was man selbst tun kann, damit die eigenen Wertvorstellungen wieder besser erfüllt werden, meint Karriereberater Dr. Bernd Slaghuis.[52] Denn ist es nicht häufig so: Ein Wechsel beinhaltet zwar Veränderung in eine Richtung, die in bestimmten Bereichen besser mit den eigenen Wertvorstellungen übereinstimmt, bedeutet jedoch genauso, dass

Wertvorstellungen, die im alten Job vielleicht schon erfüllt sind, dies im neuen nicht sind. Eine Entscheidung dafür oder dagegen ist – wie so oft in diesem Leben – wieder eine Sache des ganz persönlichen Abwägens. Ach ja, wenn du dir unsicher bist, was Werte überhaupt sind, kannst du die Werteauflistung von meinweg-deinweg zu Hilfe nehmen. Du findest sie im Blogartikel „Persönliche Werte – wertvoll oder wertlos?".[53] Darüber hinaus erhältst du bei Bedarf noch mehr Informationen speziell zu diesem und anderen Themen in Bezug auf Feinfühligkeit.

Eine weitere bedeutende, eher im Hintergrund agierende Instanz in Sachen gute Lebens- und Berufsführung ist die Intuition – ein eher unbestimmtes Gefühl, das jedoch gerade bei empfindsamen Menschen oft sehr ausgeprägt ist. Grund genug, um ihm im folgenden Abschnitt ein wenig mehr Aufmerksamkeit zu widmen.

Werte sind ein wichtiger Indikator dafür, ob etwas für uns stimmig ist oder nicht. Gerade im Beruf solltest du dir deiner Wertvorstellungen bewusst sein und darauf achten, dass sie erfüllt werden.

1.5 Auf leisen Sohlen begleitet sie dich:

Intuition als Ratgeber

Bist du mit einer sensiblen Ader gesegnet, wird auch deine Intuition ausgeprägt sein. Und ein gute Intuition ist eine wunderbare Gabe, die dir in vielen Lebensbereichen nutzen kann – natürlich auch bei beruflichen Entscheidungen. Denn, wie aus unbekannter Quelle überliefert: *„Unsere Augen glauben an sich selber, unsere Ohren glauben anderen Menschen, unsere Intuition glaubt der Wahrheit.“* Oftmals ist es doch so: Du hast eine Entscheidung zu treffen und wägst das Für und Wider ab. Am Ende kommt etwas heraus, was dir plausibel erscheint – d. h., du tust etwas, oder du lässt es. Ob diese Entscheidung dann tatsächlich richtig war, stellt sich oft erst später heraus.

Hast du schon einmal etwas getan, bei dem zwar „offiziell“ alles dafür gesprochen hat, du aber trotzdem ein komisches Gefühl im Bauch hattest? Was ist passiert, als du dieses Gefühl übergangen hast – etwas Gutes? Das wird in den seltensten Fällen so sein. Aber warum hast du diese Entscheidung dann so getroffen? Weil es von dir erwartet wurde? Weil es eine „einmalige Gelegenheit“ oder „vernünftig“ war? Weil es ein Weg war, der dir (vermeintliche!) Sicherheit versprach? Weil Geld und Prestige dich gelockt haben? Weil … hm ja, warum nur? Die Antwort kannst du dir selbst geben, denn du weißt es wahrscheinlich im Nachhinein am besten.

Was ich deutlich machen will, ist: Ein mulmiges Gefühl in der Bauchgegend ist etwas, das du – gerade in beruflicher Hinsicht – keinesfalls ignorieren solltest. In diesem Prozess kannst du dir dein Feingefühl sehr gut zu Nutze machen. Gerade dieses feinsinnige Erleben ermöglicht es dir nämlich, andere Menschen und deren Stimmungen intuitiv wahrzunehmen. Es ist kein Geheimnis, dass viele introvertierte Menschen ihre Sensibilität oftmals nutzen, um „nicht Fassbares" (z. B. Unausgesprochenes) besser zu verstehen.[54] Bei einer beruflichen Neuorientierung kann du dadurch wertvolle Impulse bekommen – oder aber dich vor einem Reinfall schützen.

Dabei ist es so: Um einen Arbeitsplatz zu finden, der wirklich zu dir passt, wirst du wahrscheinlich eine Vielzahl an Vorstellungsgesprächen führen und dabei mit sehr unterschiedlichen Menschen sprechen müssen. Manche davon werden dir auf Anhieb sympathisch sein, andere wiederum nicht. Bei letzteren würdest du wahrscheinlich am liebsten sofort nach dem ersten Händedruck wieder gehen, quälst dich aber aus Höflichkeit durch das einstündige Frage-Antwort-Spiel. So etwas passiert vielen Sensiblen und ist gar nicht so ungewöhnlich. Manchmal jedoch ist es unglaublich, wie stark intuitives Empfinden eine Entscheidung beeinflussen kann. Das habe ich am eigenen Leib erfahren und möchte dir gerne davon berichten.

Als ich vor einigen Jahren ein Vorstellungsgespräch in einem Betrieb hatte, fühlte ich schon beim Betreten der Räumlichkeiten eine undefinierbare Schwere. Auch die Mitarbeiter auf den Gängen wirkten auf mich bedrückt und teilnahmslos: Mit hängenden Köpfen schlichen sie durch die Gänge. Das Vorstellungsgespräch selbst lief überraschend gut, den Job hätte ich ohne Probleme haben können. Freundlicherweise brachte mich die sehr nette Personalchefin am Ende sogar noch zu meinem Auto. Als wir dort standen und uns verabschiedeten, lag mir plötzlich die Frage nach dem Betriebsklima auf der Zunge. Über alles hatten wir gesprochen, darüber jedoch nicht. Ich betonte, dass mir dieser Punkt sehr wichtig sei. Plötzlich fiel die Fassade der Personalerin in sich zusammen. Sie seufzte: *„Ach, Frau Lindner, es tut mir wirklich leid, aber ich kann Sie einfach nicht länger anlügen. Ich rate Ihnen: Fangen Sie bitte nicht hier an. Ich selbst fühle mich leider nicht mehr wohl in diesem Betrieb und schaue mich schon einige Zeit nach etwas anderem um …!“* Mein verblüfftes Gesicht kannst du dir vorstellen. Selbstverständlich nahm ich den Job in diesem Betrieb *nicht* an.

Die Quintessenz aus dieser kleinen Anekdote:

Höre bei der Wahl einer neuen Stelle bitte unbedingt (auch) auf dein Bauchgefühl!

Wenn alle Angestellten wie verscheuchte Rehe herumhuschen oder du dich in den Räumlichkeiten irgendwie unwohl fühlst, ist das schon ein Zeichen – und zwar kein positives! Deine Intuition will dir dann sehr wahrscheinlich mitteilen, dass diese Umgebung nicht gut für dich ist. Das bedeutet nicht, dass du sofort wieder kehrt machen sollst, trotzdem solltest du Vorsicht walten lassen. Spüre dann bewusst einen Moment in dich hinein, beispielsweise wenn du im Vorstellungsgespräch sitzt. Wie wirken die Personen auf dich, mit denen du dich unterhältst? Fühlst du dich mit ihnen wohl oder sperrt sich da vielleicht etwas in deinem Inneren?

Gerade hochsensible Menschen haben hier oft so etwas wie einen „sechsten Sinn". Susann Marletta-Hart[55] spricht in diesem Fall von einem intuitiven Wissen, das Normalsensible häufig nur schwer nachvollziehen können. Dieses Wissen kann sich auf unterschiedlichste Arten bemerkbar machen. Manche haben das Gefühl, eine Stimme spräche zu ihnen, andere empfinden körperlich etwas, wieder andere „wissen" ganz schlicht und ergreifend, was vor sich geht. Die Autorin nennt dieses Empfinden die „innere Weisheit". Warum solltest du als feinfühliger Mensch Verbindung zu deiner inneren Weisheit aufnehmen?

Ulrike Hensel[56] gibt eine Antwort darauf:

„Mithilfe der Intuition ist es möglich, sehr schnelle und umfassende Einsichten zu gewinnen, die dem langsameren, sequenziell arbeitenden Verstand so nicht zugänglich sind."

Das bedeutet, du kannst Entscheidungen treffen, mit denen du in deinem tiefsten Inneren übereinstimmst – obwohl du dir vielleicht zu diesem Zeitpunkt noch gar nicht über alle Zusammenhänge im Klaren bist oder aber vieles dafür spricht, genau das Gegenteil zu tun. Eine umfassende Einsicht kann sich übrigens auch auf ganz ungewöhnliche Art äußern, so zum Beispiel in einem plötzlichen Geistesblitz, wie dieser feinfühligen Person geschehen:

„Früher war mein Tagesablauf durchgetaktet bis in die Nacht hinein. Termine – sowohl beruflich als auch privat – wechselten sich ab, Zeit für mich alleine blieb da wenig. Wie eine Wilde raste ich in Überschallgeschwindigkeit durch dieses Leben – und zwar ohne zu hinterfragen, ohne auch nur im Entferntesten auf meine innere Stimme zu hören. Irgendwann war es zu viel: Mit 35 bekam ich ein Burnout, Zwangspause war angesagt. Doch diese Zwangspause war gut. Gut für meine Intuition. Plötzlich hatte ich Eingebungen, Ahnungen, spontane Ideen und Einfälle. Wenn ich Tagebuch schrieb, kamen Sätze heraus, die ich bis dato noch nie geschrieben hatte. Wegweisende Bücher fielen mir zu, ich traf Menschen, die mich inspirierten. Im Internet landete ich zufällig auf Websites, die mir eine Idee eines neuen beruflichen Lebensentwurfes vermittelten. Beim Fernsehen stieß ich auf Dokumentationen, die sich mit sinnstiftenden Themen beschäftigten. Menschen sagten etwas zu mir, das sich später als bedeutungsvoll für meine neue berufliche Zukunft erweisen sollte. Es war, als würde das Schicksal mit aller Macht versuchen, mir etwas zu sagen. Sanft, aber bestimmend wies es mich in immer dieselbe Richtung. Ich weiß nicht, was von alledem schließlich für meine Entscheidung ausschlaggebend war. Ich weiß jedoch wohl, zu welchem Zeitpunkt mir diese Entscheidung klar wurde, ja mir ein ganzer Kronleuchter an Wissen aufging: bei einem entspannenden Bad.

Plötzlich traf es mich wie ein Blitz und ich wusste, was zu tun war: Ich würde mich selbständig machen. Als hätte sich eine Schleuse in meinem Kopf geöffnet, sprudelten die Ideen nur so aus mir heraus. Der Rest war nur noch Umsetzung."

Wunderbar nicht? Diese meinweg-deinweg-Leserin hat eine erfolgreiche berufliche Neuorientierung hinter sich und ist heute in ihrem Beruf sehr zufrieden und erfolgreich.

Bist du schon einmal mit deiner Intuition in Berührung gekommen? Falls ja, wie äußerte sich das?

Wenn du einen Einfall, einen Gedanken oder eine Inspiration zu etwas hast, beschäftige dich bitte unbedingt *intensiver* damit. Lass dich darauf ein und gehe den ersten Schritt in diese Richtung.[57] Kaufe ein Buch, sprich mit jemandem darüber, sieh dir einen Film zum Thema an usw. Alles Weitere fällt dir Stück für Stück zu, da darfst du ganz beruhigt sein. Eine wichtige Voraussetzung hierfür solltest du dabei jedoch unbedingt beachten: Lass zunächst einmal los und bringe das eigene Denken, Wollen und Handeln zur Ruhe, d. h., betrachte dein Innerstes sehr aufmerksam. Erst dann wirst du einen guten Weg finden, dein Leben sinnvoller zu gestalten und mit Problemsituationen in verantwortungsvoller Weise umzugehen. So zumindest macht es Susan Marletta-Hart[58], eine Autorin, die sich nicht zuletzt mithilfe ihrer intuitiven Gabe eine sie sehr erfüllende Jobsituation geschaffen hat. Auch Luca Rohleder, der HSP-Experte, den du ja in den vergangenen Abschnitten bereits kennengelernt hast, stimmt dieser Aussage zu. Er erachtet ein „Loslassen“ sogar als absolut notwendig, um Zugang zur eigenen Schöpferkraft (und damit zur Berufung!) zu finden. Er schreibt:[59]

„Sie werden private und berufliche Probleme nicht dadurch lösen, indem Sie Ihre Berufung finden, sondern Sie finden Ihre Berufung erst dann, wenn Sie diese privaten und beruflichen Probleme bereits gelöst haben."

Im meinweg-deinweg-Interview[60] fragte ich ihn, wie das zu verstehen sei. Seine Antwort:

„Nicht nur Hochsensible, sondern auch viele andere Menschen suchen nur deshalb ihre Berufung, weil sie sich dadurch mehr Lebensfreude oder Sinnhaftigkeit versprechen. Manche möchten damit den zweiten Schritt vor dem ersten machen. Wenn es mir nicht gut geht, ich das Gefühl der Sinnlosigkeit spüre oder sogar keinen grundsätzlichen Spaß am Leben habe, dann werden sich diese persönlichen Defizite auch nicht durch das Auffinden einer Berufung auflösen lassen. Dann liegt meist etwas anderes im Argen. (...)
Erst dann, wenn wir aus uns selbst heraus in der Lage sind, einen gewissen Grad an Sorgenfreiheit und Lebensfreude zu erreichen, werden unsere Herzen von unnötigem Ballast befreit sein. Erst dann werden auch unsere Köperfunktionen optimal funktionieren. Und dazu zählt natürlich auch unsere Intuition. Habe ich hingegen Probleme oder stehe ich sogar unter Druck, werde ich wahrscheinlich den Wald vor lauter Bäumen nicht sehen. Erst wenn ich losgelassen und meinen Frieden mit dem „Hier und Jetzt" gemacht habe, erst dann werden mir die zahlreichen Wunder sogenannter glücklicher Zufälle links und rechts meines Lebenswegs auffallen. Erst dann werde ich die Hände, die mir mein Schicksal reichen möchte, bemerken.

Weiterhin bezeichnet der Autor die Intuition als eine Art „höheres Wissen". Seine Erfahrung:

„Hochsensible sind durch diesen beneidenswerten sechsten Sinn immer in der Lage, zur richtigen Zeit, am richtigen Ort auf die richtigen Menschen zu treffen oder die richtigen Ein-

fälle zu haben. Er zeigt uns also permanent richtige Lösungen auf. Jahr für Jahr, Tag für Tag, Stunde für Stunde. ***Es stellt sich also nicht die Frage, wie Hochsensible den Zugang zu ihrer Intuition finden, denn dieser Zugang ist immer da*** (Hervorhebung von der Autorin). *Sie tragen damit eine der mächtigsten Gaben in sich, die man sich vorstellen kann. Manche müssen nur beginnen, richtig hinzusehen. Unsere Intuition öffnet uns zum richtigen Zeitpunkt die richtigen Türen und versperrt andere, wenn wir von unserem Lebensweg zu weit abgekommen sind. Wir haben nur zu akzeptieren, dass manche Türen fest verschlossen sind und andere offen. Wir haben nur zu folgen – im Prinzip ist das Ganze ein Kinderspiel.*
Und dennoch laufen wir immer Gefahr, cleverer sein zu wollen als das Leben selbst. Wir sind von unseren Plänen, Zielen und Wünschen manchmal so hypnotisiert, dass wir nicht erkennen, dass uns ein bestimmter Weg in die Sackgasse führt. Dann rennen wir mit Anlauf an die Wand und bemerken nicht, dass vielleicht genau daneben eine weit geöffnete Tür für uns bereitsteht, durch die wir nur hindurch schreiten müssen. Das heißt, unsere Intuition lässt uns nie im Stich, sie wirkt immer. Wir müssen nur richtig hinsehen und lernen, auf sie zu vertrauen."

Doch wie kommst du in Kontakt mit deiner Intuition? Zunächst einmal rate ich dir, dir mehr *Zeit zu nehmen* und insgesamt etwas weniger durchs Leben zu hetzen. Zelebriere Stille, so oft es dir möglich ist. Du kannst Yoga machen, alleine sein, mit dem Kaffee in der Hand auf der Terrasse sitzen oder ins Licht einer Kerze schauen – egal, was du tust, alles das hat denselben einschneidenden Effekt: Du bringst dich zur Ruhe und schaffst Raum für Inspirationen. Eine ebenfalls wunderbare Möglichkeit, in sich zu gehen, ist der Aufenthalt in der Natur.[61] Diese kann dir

Ruhe vermitteln und ein wertvoller Impulsgeber sein – für eine Lebensart, die deinem feinsinnigen Wesen sehr entgegenkommt. Ob du nun mit wachem Geist durch Wälder streifst, eine Meise beim Nestbau betrachtest oder entspannt in einer Blumenwiese ruhst, ist ziemlich egal. Bei all diesen Unternehmungen wird dein Körper die Entspannung finden, die er so dringend braucht. Angenehmer Nebeneffekt: Beschwerden wie Kopfschmerzen oder Nervosität lassen nach. Wichtig dabei ist nur, dass du dir für diese Augenblicke Zeit nimmst, wirklich Zeit nimmst. Das bedeutet: Baue diese für dich so wichtige Zeit konsequent in deinen Tagesablauf ein und lasse dich dabei nicht ablenken (durch das Handy usw.), selbst wenn dir das am Anfang vielleicht unbequem erscheint. Der Psychologe und Bestsellerautor Robert Betz[62] empfiehlt hierfür *mindestens* eine Stunde täglich. Wenn es also sein muss, stehe dafür 20 Minuten eher auf und/oder gehe abends später ins Bett. Du wirst es nicht bereuen, denn diese gewonnene Zeit, und sei sie noch so kurz, hält etwas ungeahnt Wertvolles für dich bereit:

Die Zeit der Stille führt dich zu deiner Quelle – zu dir, zu dem, was du brauchst und willst.

Bitte mache dir immer wieder klar: Du wirst dieses wahre, unverstellte Ich wahrscheinlich nur sehr schwer erkennen, wenn du wie ein D-Zug durch dein Dasein ratterst. Irgendwann stellst du vielleicht mit erschreckender Klarheit fest, dass du die ganze Zeit in die komplett falsche Richtung gerast bist. Damit das nicht passiert, kannst du jetzt schon vorsorgen, indem du dir beständig immer wieder Auszeiten verschaffst und den Inspirationen folgst, die du dann erhältst. Lass also deinen Weg mit dem Gehen entstehen, ohne dabei ungeduldig zu sein. Vertraue. Ich verspreche dir: Er wird sich dir mit der Zeit ohne viel Zutun eröffnen.

Der zweite Tipp, um deine Inspiration zu stärken: Betätige dich *kreativ*. Wenn du kreativ bist, stellst du eine direkte Verbindung zu deiner Intuition her. Sie kann durch dein kreatives Tun zu dir „sprechen" bzw. sich darin ausdrücken.[63] So empfiehlt es sich, zum Beispiel einen Tanzkurs zu absolvieren, zu malen oder mit Materialien wie Ton zu arbeiten. Meine Liebe beispielsweise gehört der Kalligraphie – der Kunst des schönen Schreibens. Sie lenkt mich wunderbar vom Alltag ab und fördert gleichzeitig meine intuitive Ader. Jean-Christoph von Oertzen, Betreiber von einfach-hochsensibel.de und Balance-Mind-Bogenschießen-Experte, den ich vor kurzem für meinweg-deinweg interviewt habe, spricht sich für meditatives Bogenschießen aus.[64] Es bringe ruhige Menschen zu sich selbst, so wie es ihm vor über zehn Jahren widerfuhr:

„Ich war mit meiner Frau auf einem Mittelaltermarkt und zu der Zeit begeisterter Fan der ‚Herr der Ringe'-Geschichten. Dort gab es einen Stand mit Reiterbögen und ich war fasziniert von diesen Schönheiten. Nur dachte ich eigentlich an eine Deko für mein Büro und gar nicht daran, selbst zu schießen. Es war mehr oder weniger sogar meine Frau, die mich dann überredete, mir den Bogen zu kaufen. Der Verkäufer schenkte mir einen einzigen Pfeil dazu. Mit dem bin ich dann in eine nahe gelegene Kiesgrube, um das auch mal auszuprobieren. Mit dem ersten Pfeil hat mich der Bogenvirus gepackt. Mit dem Bogen spürte ich mich plötzlich ganz genau selber, so wie ich das vorher noch nie erlebt habe, bei keiner Sportart, denn ich habe schon vieles vorher ausprobiert. Ich musste ganz präsent im Hier und Jetzt sein, damit der Pfeil sein Ziel treffen konnte. Dazu das physische Loslassen nach einer Phase der Anstrengung. Das war einfach unglaublich beeindruckend für mich. Zu dieser Zeit hatte ich einen ganz normalen Bürojob, der mich nicht glücklich gemacht hat und bei dem ich auch an den Rand eines Burnout gekommen bin. Heute weiß ich, dass mich das Bogenschießen wahrscheinlich vor Schlimmerem bewahrt hat. Durch Pfeil und Bogen habe ich gelernt, mich ganz genau zu spüren. Zu erspüren, was sich gut anfühlt, was sich komisch anfühlt und wie es mir gerade wirklich geht. So konnte ich noch rechtzeitig die Notbremse ziehen."

Ein dritter, sehr wertvoller Tipp stammt von Coach Gene C. Hayden:[65] *Entscheide spontan.* Oft wägen wir das Für und Wider von Optionen ab, bevor wir eine Entscheidung treffen. Um unsere Intuition zu stärken, sollten wir mehr auf unseren ersten Impuls hören, ohne weiter nachzudenken. Das ist genauso, wie wenn wir auf der Autobahn ein Überholmanöver starten – wir tun es intuitiv und entscheiden spontan, ohne 5 Minuten vorher über das Für und Wider nachgedacht zu haben. Warum? Weil wir diesen Vorgang schon unzählige Male durchgeführt haben. Wenn dich also etwas beschäftigt und du zu keiner Lösung kommst, stelle dir eine ganz direkte Frage.

Sie lautet:

Möchte ich das tun oder nicht?

Gerade bei Entscheidungen für oder gegen einen neuen Job ist diese Herzensfrage nicht zu vernachlässigen. Das erste leise Gefühl, das in dir hochkommt, entspricht deiner Intuition. Es ist ihr Weg, zu dir zu sprechen und dir bei deiner Entscheidung zu helfen. Trotzdem solltest du deiner Bauchentscheidung immer noch einen abschließenden Faktencheck unterziehen, rät Jobcoach Ulrike Hensel.[66] Die Gefahr bei einer reinen Bauchentscheidung ist: Deine Intuition greift immer auf deinen bisherigen Erfahrungs- und Wissensschatz zurück, aber auch auf ein riesiges Reservoir von Prägungen, Vorurteilen und Glaubenssätzen. Das kann dazu führen, dass du verwirrt bist und zunächst gar nicht so richtig weißt, wie du dein Gefühl einschätzen sollst. Dann wirst du dich wahrscheinlich schwertun, nur aufgrund dessen zu entscheiden. Auf der anderen Seite besteht auch die Gefahr, dass dein Verstand dominiert. Die beste Version für eine gute und stimmige Entscheidung ist also ganz klar diese: Lass Intuition und Verstand sich ergänzen. Nur so ergibt sich am Ende eine Entscheidung, die deinen Bedürfnissen entspricht.

Deine Intuition ist ein wichtiger Wegweiser. Damit du Verbindung zu ihr aufnehmen kannst, musst du die Stille suchen.
Stehst du vor einer Entscheidung, berücksichtige sowohl deine Intuition als auch deinen Verstand – so kann sich eine stimmige Entscheidung herausbilden, die mit deinem Innersten übereinstimmt.

1.6 Raus aus dem Hamsterrad:

Individuelle Arbeitsmodelle

Wie du in den vergangenen Abschnitten schon erfahren hast, brauchen feinfühlige Menschen unbedingt immer wieder Zeiten der Regeneration, d. h., sie müssen sich mehr als andere ihre Auszeiten nehmen können.[67] Manchmal aber ist das in einem vollgepackten Acht-Stunden-Arbeitstag gar nicht so leicht. Nicht wenige ruhig veranlagte Menschen arbeiten deswegen (auf Kosten der eigenen Bedürfnisse!) lieber durch. Die Folge:

Der Akku Feinfühliger ist deutlich schneller leer.

Sollte es dir ebenso ergehen, wirst du dich wahrscheinlich schon oft gefragt haben, wie du deinen Arbeitsalltag besser gestalten kannst. Mein Vorschlag: Mache dich mit *alternativen Arbeitsmodellen* vertraut. Das könnte die Lösung sein, wenn du in einem Job festhängst, der dir so nicht gefällt (z. B. weil du noch keine neue Arbeit gefunden hast), oder wenn du dich komplett neu orientieren möchtest. Trotzdem muss ich dich an dieser Stelle gleich vorwarnen: Was du dafür unbedingt brauchst, ist Mut und die Bereitschaft, noch neue Wege zu gehen – sozusagen als „Leitpferd" zu fungieren. Weiterhin wirst du sehr wahrscheinlich damit klarkommen müssen, dass manche Menschen die Nase rümpfen und schnippisch bemerken: *„Ach, echt? Du möchtest dich verändern? Na, dann wirst du es dir ja wohl leisten können!"*

Warum ist das so? Ich vermute, weil der „Normalmensch" bzw. die derzeitige Arbeitswelt anders tickt und für alternative Arbeitsmodelle noch wenig offen ist. Das erkennst du alleine schon daran, dass jeden Morgen wieder eine sehr große Anzahl Menschen aufsteht und sich in eine fremdgesteuerte Tretmühle quält. Natürlich will ich dieses Verhalten nicht verurteilen – Gott sei Dank gibt es ja viele, die in ihrem Job glücklich sind und jeden Tag mit Hingabe und großer Einsatzbereitschaft arbeiten. Glaubt man der Studie „Jobzufriedenheit 2018" der ManpowerGroup[68] sind dies immerhin 50 Prozent aller deutschen Arbeitnehmer. Super – doch was ist mit den anderen 50 Prozent? Hier liegt die Vermutung nahe, dass diese im Mainstream-Hamsterrad der unglücklichen Arbeitnehmer gefangen sind. Robert Wringham, Autor des Buches „Ich bin raus! Wege aus der Arbeit, dem Konsum und der Verzweiflung" beschreibt das so:[69]

„‚Lassen Sie mich mal eines klarstellen', sagt tatsächlich nie jemand. ‚Sie möchten, dass ich mich regelmäßig an einen bestimmten Ort begebe, mich dort acht Stunden lang aufhalte, und zwar in Gesellschaft von Leuten, die ich nicht besonders gut leiden kann, und das an fünf Tagen in der Woche für die nächsten vierzig Jahre? Was ist denn das für ein Schwachsinn?' Tja, und wer tut so etwas? Wie es aussieht, so gut wie alle."

Wenn ich in diesem Abschnitt von individuellen Arbeitsmodellen spreche, meine ich ein Arbeitsverhalten, das sich von dieser „merkwürdigen Verpflichtung" unterscheidet. Individuell ist es, weil es optimal auf dich und deine Bedürfnisse als ruhiger Mensch abgestimmt wird. Bevor ich dies näher erkläre, will ich dir noch etwas Wichtiges sagen – etwas, das du für diesen Weg von Anfang an in deinen Kopf bekommen musst und das du bitte nicht wieder vergessen darfst:

Löse dich von gesellschaftlichen Vorgaben, was (oder wie viel!) „man" zu arbeiten hat.

Mache dich davon frei. Höre stattdessen auf dein Gefühl. Denke natürlich trotzdem auch an deinen Geldbeutel. Selbst wenn du jetzt zweifeln magst, verspreche ich dir: Ja, es ist möglich, Gefühl und Finanzen in Einklang zu bringen. Dazu musst du ein paar (zunächst) theoretische Gedankenspiele betreiben. Stelle dir bitte dieses Szenario vor:

Du arbeitest schon seit einiger Zeit im Anzeigenverkauf einer großen Zeitung. Nach außen hin ist eigentlich alles okay, d. h., du bist jederzeit für deine Kunden ansprechbar, verkaufst Anzeige um Anzeige und erledigst die anfallenden Aufgaben sorgfältig. Auch hast du einen sehr guten Stand bei deinem Chef. Trotzdem bräuchtest du die meiste Zeit vier Arme, um alles, was im Laufe eines Tages so auf dich einprasselt, zu stemmen. Das macht dir schlechte Laune und laugt dich aus. Fast täglich bist du abends so platt, dass du völlig erschöpft zwischen zwei riesigen Couchkissen versinkst. Dein neuer Ratgeber „Kehrtwendung im Beruf" liegt schon seit Wochen ungelesen neben deinem Bett; deine Freunde wissen nicht mehr, wie du aussiehst, und dein liebstes Hobby, das Schneidern, liegt brach – du kommst einfach nicht dazu. Erfülltes (Berufs-)Leben? Ha, der Lacher des Jahrhunderts!

Ganz anders ist die Bilanz bei deiner Kollegin. Sie erledigt ihre Arbeit ebenso sorgsam wie du, ist höflich, bei den Kunden und beim Chef gern gesehen und scheint alles mit einer gewissen Leichtigkeit zu stemmen. Nichts, aber wirklich gar nichts, bringt sie aus der Ruhe, stattdessen hat sie immer ein Lächeln auf den Lippen. Nach der Arbeit geht sie zahlreichen Hobbys nach, versorgt ihre zwei Katzen und ist dem regelmäßigen Kurztrip nach Wien nicht abgeneigt. Erfülltes (Berufs-)Leben? Ja, definitiv!

Der Grund für diesen Unterschied: Deine Kollegin arbeitet reduziert, d. h. „nur" 35 Stunden pro Woche. Während du also täglich von morgens bis abends deinen beruflichen Verpflichtungen nachkommst, teilt deine Kollegin sich ihre 35 Stunden so ein, dass sie im Sommer an drei Nachmittagen in der Woche das Büro bereits um 14 Uhr verlassen und sich bei 30 Grad am See räkeln kann – natürlich nur, sofern ihr danach ist. Im Winter entspannt sie sich in der Sauna, während du noch mit dir ringst, genügend Anzeigen zu verkaufen. Wenn du deine Kollegin nun Tag für Tag so beobachtest, könnte ein ganz bestimmtes Gefühl in dir hochkommen. Es nennt sich: Neid.

Neid ist kein schönes Gefühl, jedoch ist es sehr wertvoll, denn es deutet auf etwas hin – etwas, was dir fehlt. Schon Wilhelm Busch hat das erkannt. Er meinte: *„Der Neid ist die aufrichtigste Form der Anerkennung."* Das heißt, du erkennst die reduzierte Arbeitsform deiner Kollegin an, weil du wahrscheinlich selbst gerne so arbeiten würdest – wenn nicht dein Kopfkino wäre, das dir (natürlich immer noch rein hypothetisch) folgende Sätze einbläut: *„Schlag dir das aus dem Kopf.*

Junge Menschen arbeiten nun einmal mindestens 40 Stunden pro Woche – das ist einfach so." Oder: „*Das kannst du doch nicht machen, was werden die Leute sagen.*" Gefolgt von: „*Du wirst als faul dastehen, wenn du das machst.*"Bis hin zu: „*Grundsätzlich ein schöner Lebensentwurf, aber wie willst du dann dein Leben finanzieren?*"

Das macht dich traurig. Doch trotz all dieser Gedankendramen geht dir die Sache nicht mehr aus dem Kopf.

Schließe die Augen und stelle dir vor, wie du an einem ganz normalen Wochentag bereits um 15 Uhr die Arbeit verlässt und etwas tust, was dein Herz mit Freude erfüllt. Na, wie fühlt sich das an?

Gerald Hüther, Neurobiologe und Autor, überrascht das nicht. Er vertritt die Überzeugung, dass die Begegnung mit Menschen, die einen anderen Lebensentwurf vertreten, positiv für das eigene Weltbild sein kann. Genau das macht es möglich, eigene Begrenzungen zu überwinden und sich zu gegebener Zeit von (möglicherweise einschränkenden) Überzeugungen zu befreien.[70] Und so könnte es auch dir passieren, dass du irgendwann tatsächlich den Gedanken zulässt, dass sich dir – trotz aller gesellschaftlicher Konventionen und innerer Bedenken – mit dieser alternativen Arbeitsform eine durchaus realistische Möglichkeit bietet, dein Leben befriedigender zu gestalten. Allerdings nur, wenn du dich traust, zuzugreifen und dich über deine eigenen Bedenken (und den riesigen Klotz, der sich „Leistungsgesellschaft" bzw. „gesellschaftlich erwünschte Vorgaben“ nennt) hinwegzusetzen. Der Erste, der das System in Frage stellt, wärst du damit nicht. Der Bestseller-Autor Volker Kitz[71] beispielsweise prangert brachiale Achtstundenschichten an ein und demselben Ort schon seit längerem an. Er schreibt:

„Auch die Herrschaft über unsere Zeit haben wir durch die Arbeit verloren. Denn es reicht nicht, anwesend zu sein. Die meisten sollen bitte auch zu bestimmten Uhrzeiten an- und abtanzen. Es gibt so viele unterschiedliche Tätigkeiten, Aufgaben und Menschen – ist es da nicht verwunderlich, dass trotzdem fast überall auf der Welt die unterschiedlichsten Menschen ihre ganz unterschiedliche Arbeit offenbar am besten in täglichen Achtstundenblöcken erledigen? Die irgendwo zwischen acht und 18 Uhr liegen? (...) Ist es nicht atemberaubend, wie alle Mitarbeiter auf die Sekunde genau gleichzeitig mit ihren jeweils ganz unterschiedlichen Tätigkeiten ‚fertig' werden?“

Kommen wir zur wichtigsten Frage überhaupt: Was kann es dir als feinfühliger Menschen bringen, eine Arbeitszeitreduzierung als ernsthafte Option in Erwägung zu ziehen? Im Hinblick auf ein deutlich erfüllteres Leben und Arbeiten: viel. Im Hinblick auf eine generelle berufliche Neuorientierung: noch viel mehr. Genau mit diesen Gesichtspunkten wollen wir uns deshalb jetzt etwas intensiver befassen.

Ulrike Hensel steht einer Teilzeitbeschäftigung für empfindsame Menschen aufgeschlossen gegenüber – natürlich nur, sofern das Finanzielle nicht dagegen spricht.[72] Idealerweise sollten sich aktive und ruhige Arbeitsphasen abwechseln, so kann ein Feinfühliger wieder neue Kraft für herausfordernde Situationen tanken. (Du erinnerst dich? Stichwort: sensibleres Nervensystem und damit größere Stressanfälligkeit.) Dabei rät Ulrike Hensel ganz klar dazu, die eigene Gesundheit mehr in den Vordergrund zu rücken – denn was nutzt es einem Arbeitnehmer (und übrigens genauso dem das Gehalt zahlenden Arbeitgeber!), wenn er vor lauter Stress irgendwann aus den Latschen kippt und dann für längere Zeit ausfällt?

Kommen wir mit diesem Wissen zurück zu unserem Eingangsbeispiel. Du stellst also fest, dass du deine Arbeitszeit trotz all deiner Hemmungen tatsächlich gerne reduzieren möchtest. Jetzt würde wahrscheinlich sofort ein weiterer Angstgedanke in dir aufsteigen. Er lautet: *Oje, bekomme ich das bei meinem Arbeitgeber überhaupt durch?* Die Antwort kann ich dir beruhigt geben: Ja! Denn dafür gibt es sogar eine gesetzliche Grundlage: das Teilzeit- und Befristungsgesetz (TzBfG).[73] Dort ist in § 8 und § 9a geregelt, dass es Arbeitnehmern nach einem halben Jahr Betriebszugehörigkeit und unter bestimmten Voraussetzungen erlaubt ist, die Anzahl ihrer Arbeitsstunden zu reduzieren. Gesagt, getan. Du informierst dich, stellst fest, dass die Voraussetzungen erfüllt sind, und stellst einen Antrag beim Chef. Jetzt könnte es natürlich passieren, dass dieser von deinem Gesuch nicht so begeistert ist und es mit einer konkreten Begründung ablehnt. Blöde Sache, gebe ich zu, aber dann hättest du – sofern mit dem Betriebsgeschehen vereinbar – ja immer noch die Möglichkeit, deine regulären Arbeitsstunden schlicht etwas anders zu verteilen. Angenommen, du müsstest 40 Stunden pro Woche arbeiten. Was spräche dagegen, bereits um 6 Uhr morgens anzufangen und mit einer halben Stunde Mittagspause täglich um 14:30 Uhr aufzuhören? Oder aber mit dem Chef an bestimmten Tagen der Woche versuchsweise Homeoffice zu vereinbaren?

Sandra Tissot beschreibt, dass gerade eine Tätigkeit im Homeoffice einem Übermaß an Reizen am regulären Arbeitsplatz sehr gut entgegenwirken kann.[74] Wenn du zu Hause arbeitest, kannst du dir dein Arbeitszimmer so einrichten, wie es dir behagt, und bist während deiner Arbeit negativen Fremdeinflüssen wie schwierigen Kollegen oder störenden Hintergrundgeräuschen nicht ausgesetzt, was wiederum ein effektives Arbeiten deutlich begünstigt (Achtung: starkes Argument gegenüber dem Chef!). Auch profitierst du von der Möglichkeit, deine Pausen selbstbestimmt einzuteilen und somit wunderbar auf dein sensibles Wesen abzustimmen. Eine Arbeitszeitreduzierung trägt aber noch etwas viel Wertvolleres, vielleicht Unerwartetes im Gepäck: Sie kann ein Startschuss für eine erfolgreiche berufliche Neuorientierung sein. Doch wie kann das gehen? Ich zeige es dir – wieder anhand unseres theoretischen Gedankenspieles.

Stell dir vor, du hast deine Stundenreduzierung tatsächlich erfolgreich durchgeboxt. Im Moment gestaltet sich die Lage also so, dass du an drei vollen Tagen im Büro Anzeigen verkaufst und die restlichen zwei zu Hause verbringst. Der wohltuende Effekt: Du hast plötzlich deutlich mehr Luft für das, was du liebst: das Schneidern, ein Schwätzchen mit Freunden und immer wieder Frischluft tanken. Auf einem deiner zahlreichen Spaziergänge kommt dir plötzlich eine Idee. Warum nicht mit deinem Hobby ein wenig Zusatzeinkommen verdienen? Anfragen hättest du ja genug. Eine nette kleine Anzeige im örtlichen Gemeindeblättchen könnte das Ganze wahrscheinlich noch ein bisschen ankurbeln. Gesagt, getan. Du setzt die Anzeige in die Zeitung, und da geschieht das Unfassbare: Du wirst mit Anfragen überschüttet! Völlig von den Socken fasst du einen Entschluss, der dein Herz um etwa fünf Oktaven höher schlagen lässt: Du willst vom Schneidern leben. Ganz. Dafür aber musst du dich vom Anzeigenverkauf in absehbarer Zeit verabschieden. Der kluge Weg dahin: eine *nebenberufliche Selbständigkeit.*

Schauen wir uns das näher an. Nebenberuflich selbständig zu sein bedeutet, dass sowohl das nebenberufliche Einkommen als auch die damit verbrachte Arbeitszeit den Umfang deiner Haupttätigkeit nicht übersteigen darf.[75] Weiterhin ist es notwendig, dass du dich beim Finanzamt anmeldest, deinen Arbeitgeber informierst und die Sozialversicherungspflicht beachtest. Keine Sorge, das alles wird in der Realität nicht so heiß gegessen wie gekocht, ist jedoch trotzdem unbedingt notwendig, um fundiert loslegen zu können. Warum aber solltest du eine nebenberufliche Selbständigkeit anstreben? Nun, weil dies für ruhige Menschen ein paar nicht zu unterschätzende Vorteile birgt: Beispielsweise streben diese sehr häufig nach Sicherheit und überlegen normalerweise genau, ob bzw. wie sie Veränderungen wagen.[76] Risikoreiche Unternehmungen und Abenteuer behagen ihnen dabei nicht so sehr. Emilio Galli Zugaro und Jannike Stöhr, Autoren von „Ich bin so frei: Raus aus dem Hamsterrad – rein in den richtigen Job" empfehlen, deshalb bereits im Rahmen eines bestehenden Angestelltenverhältnisses in neue Tätigkeiten hineinzuschnuppern (z. B. durch bezahlten oder unbezahlten Jahresurlaub, Hospitation am Wochenende, Beantragung eines Sabbaticals). Diese wertvolle Zeit kann man nutzen, um sich mit erfahrenen Menschen auszutauschen und erste praktische Erfahrungen im Wunschberuf zu machen. Auch ein Start in Teilzeit kommt sicherheitsbedachten Personen entgegen. Man kann auf diesem Weg ohne hohes Risiko testen, ob das angestrebte berufliche Ziel dauerhaft finanzielle Früchte trägt. Daneben profitiert man von einem regelmäßigen monatlichen Einkommen aus der Angestelltentätigkeit, mit dem sowohl Fixkosten gedeckt als auch Reserven für die Selbständigkeit bereitgehalten werden können. Klingt gut? Tja, da kommt noch mehr.

Wenn du nebenberuflich startest, verschaffst du dir außerdem eine Form der *Unabhängigkeit* – und zwar verstanden im Sinne der *„Diversifikation"*.[77] Das heißt übersetzt, dass du nicht einfach blind daran glaubst, dass dein derzeitiger Arbeitgeber für immer deine Einkommensquelle sein wird. Stattdessen stellst du dich insgesamt einfach beruflich breiter auf. Dabei schlägst du gleich zwei weitere Fliegen mit einer Klappe: Erstens kannst du belastende Situationen im Hauptjob wahrscheinlich deutlich leichter kompensieren (naheliegender Grund: weil dieser nicht mehr dein einziger Arbeits- und Lebensinhalt ist) und schaffst dir zweitens gleichzeitig eine mögliche Exitoption, falls dein Arbeitgeber dir morgen tatsächlich die rote Karte zeigt.

Ulrike Hensel[78] beschreibt, dass speziell hochsensible Menschen oftmals sehr viel Kreativität in sich tragen, die im Rahmen einer entspannten Atmosphäre genutzt werden will. Das befähigt sie, immer wieder Neues hervorzubringen, in welcher Form auch immer. Als problematisch für kreatives Arbeiten hingegen schätzt sie Zeitmangel, Druck und störende Umgebungsbedingungen ein. Zeit- und Erfolgsdruck hast du, wenn du nebenberuflich gründest, in der Regel nicht – außer aber, du willst morgen deinen Job kündigen und siehst eine Existenzgründung als einzige Alternative an (was ich dir so übrigens keinesfalls raten würde!). Stattdessen bietet sich dir bei einer nebenberuflichen Gründung zum einen die Möglichkeit, dein Unternehmen in aller Ruhe aufzubauen, und zum anderen selbst zu bestimmen, wann du wie viel Zeit hierfür investierst. Außerdem hast du viel Raum zum kreativen Schaffen, d. h., niemand wird dir vorschreiben, wie du dein Unternehmen zu führen oder welche Marketingmaßnahmen du zu ergreifen hast. Die Folge: Dein kreatives Potential kann optimal wirken.

Es wäre vermessen, dir nur die Vorteile einer nebenberuflichen Gründung zu nennen. Selbstverständlich gibt es auch Nachteile, die – besonders für dich als sensiblen Menschen, der alles noch ein Stückchen intensiver wahrnimmt – nicht zu unterschätzen sind:[79] Ein Nebenerwerb bedeutet definitiv *Doppelbelastung*, und damit Zeit, die für dein Privatleben und dringend notwenigen Regenerations- und Ausgleichsphasen fehlt (Vorsicht: Ausbrenngefahr!). Weiterhin wirst du vielleicht *nicht so flexibel reagieren* können, wie du möchtest, d. h., während du in deinem Hauptjob arbeitest, bist du für deine eigenen Kunden nicht erreichbar. Das kann zu Einschränkungen bei der Kundenzufriedenheit führen (und natürlich bei dir selbst). Darüber hinaus besteht die Gefahr von *finanziellen Verlusten.* Je nach Risiko kann es sein, dass du dein Geld ausgibst und am Ende mit Schulden dastehst, falls dein Unternehmen nicht läuft. Dann arbeitest du bei deinem Hauptarbeitgeber am Ende nicht weniger, sondern mehr, weil du die Schulden wieder reinholen musst. Dies ist nicht gut für dein empfindliches Stresssystem.

Du bist nicht abgeneigt, deine Arbeitszeit zu reduzieren, traust dich aber trotzdem nicht, dich gleich selbständig zu machen? Kein Problem. Dann wähle eine andere nebenberufliche Variante: den *450-Euro-Minijob.* Durch diesen kannst du ebenso relativ gefahrlos in ein mögliches neues Arbeitsgebiet hineinschnuppern. Ich nenne es den „sanften Absprung" in einen neuen Job. Eine meiner Leserinnen hat dabei diese Erfahrungen gemacht:

„Über meinen 450-Euro-Job rutsche ich gerade beruflich in eine ganz andere Richtung: von der Versicherungskauffrau zur Gärtnerin. Schon immer liebte ich Pflanzen und den Umgang damit, Versicherungskauffrau bin ich nur geworden, weil meine Eltern es mir rieten und mir nichts Besseres einfiel. Im letzten Jahr kam ich auf dem Weg zur Arbeit immer an einem kleinen Blumenladen vorbei. Dieser hat mir sehr gefallen, weil alles immer so liebevoll dekoriert und freundlich gestaltet war. Eines Tages kaufte ich dort Tulpen und sah zufällig einen Aushang: Die Besitzerin suchte eine Hilfskraft auf 450-Euro-Basis. Spontan fragte ich sie, ob ich meine Bewerbungsunterlagen abgeben dürfte. Nach einem sehr sympathischen Gespräch gab sie mir eine Zusage und stellte mich trotz mangelnder Qualifikation ein. Seitdem bin ich also jeden Samstag damit beschäftigt, Blumen zu binden und das Schaufenster zu dekorieren. Mit der Zeit werden mir immer mehr Aufgaben übertragen und mittlerweile überlege ich tatsächlich, ob ich nicht doch noch eine Ausbildung zur Gärtnerin draufsetze, weil mir das alles so viel Freude macht!"

Als Letztes möchte ich dir noch ein weiteres individuelles Arbeitsmodell vorschlagen, das sehr feinfühligen Personen häufig ans Herz gelegt wird: die *hauptberufliche Selbständigkeit.* Diese solltest du jedoch nicht ohne gründliche Vorbereitung in Angriff nehmen, das bewahrt dich vor unbedachten (und manchmal sehr kostenintensiven) Fehlschlägen. Viele feinfühlige Menschen haben diesen Weg trotzdem erfolgreich beschritten, Sandra Tissot[80] ist einer von ihnen. Für meinweg-deinweg habe ich sie zu ihren Erfahrungen befragt:[81]

„Liebe Frau Tissot, Sie sind – bevor Sie sich selbständig machten – zunächst ins ‚normale Berufsleben' eingestiegen und arbeiteten erfolgreich als Marketingleiterin in einem Unternehmen. Im Buch beschreiben Sie, dass Sie damit nicht glücklich waren. Welche Probleme traten auf?"

Tissot: „Rückblickend würde ich sagen, ich war schlicht und ergreifend zutiefst unglücklich in dieser Zeit. Angefangen damit, dass die täglichen festen Arbeitszeiten mit einem vordefinierten Arbeitsumfeld (laut telefonierende Kollegen, das ständig laufende Radio ...) und kaum Raum für Regeneration mir von Beginn an zu schaffen machten. Besonders schwer war für mich der Umstand, dass ich ständig unter Leistungsdruck stand. Mein Leistungsstress entstand selten durch eigenes Verschulden, sondern war häufig fremdgesteuert. Oft war ich bereits gegen Mittag vollkommen überreizt. Aufgrund der ständigen Überreizung fühlte ich mich oft hundemüde. Ganz zu schweigen davon, dass an kreative Entfaltung oder gar Selbstverwirklichung nicht einmal zu denken war. Irgendwann kam es wie es kommen musste, ich wurde ernsthaft krank." (...)

„Im Buch beschreiben Sie Ihren Schritt in die Selbständigkeit als ‚Befreiungsschlag'. Welche Chancen – aber auch Herausforderungen – ergeben sich für einen hochsensiblen Menschen, wenn er die (vermeintliche!) Sicherheit eines Angestelltenverhältnisses verlässt?"

Tissot: „Die Chancen liegen für HSP ganz klar in der Selbstverwirklichung, die erst möglich wird, wenn sie ihr Leben eigenverantwortlich in die Hand nehmen und auch täglich leben können. Wenn das gelingt, kann das eigene Lebensglück ganz neu empfunden werden.

Natürlich gibt es eine Menge Herausforderungen, die stark auch mit den vielfältigsten Zweifeln verbunden sind wie: ‚Schaff ich das überhaupt?', ‚Wie plane ich meine eigene Arbeit?', ‚Was ist, wenn mir die Aufträge fehlen und ich kein Geld verdiene?'

Entscheidend ist das geplante Vorgehen, denn eine Kündigung des Jobs aus einer Laune heraus, ist niemals ratsam. Die gesunden Zweifel sind ebenfalls von Vorteil, wenn vielleicht auch erst auf den zweiten Blick. Sie bewahren HSP vor Fehl-

entscheidungen und lassen sie in Ruhe alles durchdenken. Das A und O ist eine gute Vorbereitung der Selbständigkeit, insbesondere Recherchearbeit, Behördengänge sowie Businessplan gehören hier dazu. Wenn so die Selbständigkeit ‚heranreift', Chancen sowie Herausforderungen und Risiken in einem realistischen Konsens stehen, sind das gute Voraussetzungen für eine langfristig erfolgreiche Selbständigkeit. Dabei macht es übrigens auch Sinn, das Gespräch mit anderen Selbständigen, die von ihren Erfahrungen berichten oder Hilfestellung leisten können, zu suchen. Darüber hinaus gibt es Coaches, die auf hochsensible Unternehmensgründer spezialisiert sind. Insbesondere in der Zusammenarbeit mit anderen HSP, die den Sprung in die Selbständigkeit bereits gemeistert haben, lassen sich viele Herausforderungen Schritt für Schritt bewältigen." (...)

„Worauf müssen Hochsensible besonders achten, wenn sie selbständig sind?"

Tissot: „Insbesondere auf sich selbst, denn HSP neigen zum Perfektionismus und dazu, sich selbst zu überanstrengen, insbesondere wenn sie für etwas ‚brennen'. Hochsensible sollten Ruhepausen einplanen, achtsam mit sich selbst umgehen und sich ihre persönliche Arbeitsatmosphäre schaffen. Dabei können sie auch beim Arbeitspensum auf ihre Intuition vertrauen. Die Gefahr, dass eine hochsensible Persönlichkeit zu ‚faul' für die Selbständigkeit ist, besteht quasi nicht." (...)

„Nicht jeder Hochsensible hat den Mut, sich selbständig zu machen und bleibt lieber im Angestelltenverhältnis. Wie sollte die Arbeitswelt sein, die Sie sich für hochsensible Menschen wünschen?"

Tissot: „Selbstbestimmt und eigenverantwortlich mit der Möglichkeit flexibler Arbeitszeitgestaltung – unter diesen Bedingungen lässt die Arbeitswelt hochsensiblen Menschen den nötigen Freiraum zur Entfaltung und vor allem zur Entfaltung der hochsensiblen Gaben wie Empathie, Kreativität, vernetztes Denken oder eine differenzierte Wahrnehmung ..."

Darüber hinaus betont Georg Parlow, Vorsitzender des Vereins „Zart besaitet", die Vor- und Nachteile beruflicher Selbständigkeit.[82] Als Vorteil sieht er es an, dass es möglich ist, die Arbeitszeit und die restlichen Rahmenbedingungen selbst zu gestalten. Auch die hohe Eigenmotivation zur beruflichen Tätigkeit ist in seinen Augen ein nicht zu unterschätzender positiver Faktor. Hingegen sind die Nachteile: möglicherweise schwankendes Einkommen, finanzielles Investitionsrisiko und die Verpflichtung, das eigene Unternehmen nach außen hin präsentieren zu müssen. Mit der Zeit kommt eventuell noch das Einstellen und Führen von Mitarbeitern dazu, verbunden mit der damit zusammenhängenden sozialen Verantwortung. Das ist nicht unbedingt jedermanns Sache – hier gilt es also, vor einer Entscheidung sehr gründlich abzuwägen.

So, nach alldem hast du jetzt zwar Feuer gefangen, die Selbständigkeit erscheint dir aber immer noch eine Nummer zu groß? Kein Problem. Selbstverständlich kannst du genauso im Angestelltenverhältnis deinen Weg machen – wenn du dir dein Arbeitsleben so hinbiegst, dass es deinem Wesen, deinen Talenten und Bedürfnissen entspricht. Darauf gehen wir im zweiten Teil dieses Buches ausführlicher ein. Unabhängig davon hier in Kürze noch einmal meine Vorschläge, wie du deine empfindsame Natur mit deiner Arbeitszeit und -form in Einklang bringen kannst:

REGULÄRE VOLLZEITARBEIT

Versuche, deine Arbeitszeiten weitgehend deinem persönlichen Rhythmus anzupassen und nicht umgekehrt. Nachdem du dir darüber klar geworden bist, sprich am besten mit dem Personalbüro oder deinem Chef. Vielleicht gibt es ja eine Möglichkeit, an deinen Arbeitszeiten etwas zu drehen – so, dass sie dir besser entsprechen. Bitte scheue dich nicht, es wenigstens zu versuchen. Mehr als Nein sagen kann er ja nicht. Darüber hinaus noch ein guter Tipp von Volker Kitz:[83] Biete deinem Arbeitgeber einen unverbindlichen, zeitlich befristeten Versuch deines Wunscharbeitsmodells an. Ebenfalls eine sinnvolle Option, falls mit deiner Firma vereinbar: Homeoffice.

„NUR" TEILZEITARBEIT

Das Bundesministerium für Arbeit und Soziales (BMAS) schlägt auf seiner Website unter dem Suchbegriff „Teilzeitmodelle" verschiedenste TZ-Wege[84] vor. Vielleicht ist ja auch etwas für dich dabei? Hilfreich dazu auf Nettolohn.de: ein sehr kluger Rechner,[85] der dir deinen neuen Nettolohn gerne vollautomatisch ausrechnet. Einen Überblick über aktuelle gesetzliche Regelungen findest du unter www.gesetze-im-internet.de

TEILZEITARBEIT UND NEBENBERUFLICHE SELBSTÄNDIGKEIT

Heißt: Agiere als Freiberufler oder Gewerbetreibender, wähle bei der Anmeldung beim Finanzamt zunächst den „Kleinunternehmerstatus" und schaue, was aus deiner Idee wird. Mehr Infos dazu bekommst du zum Beispiel auf der Website Für-Gründer.de[86]

TEILZEITARBEIT UND 450-EURO-JOB

Immer eine gute Anlaufstelle mit zahlreichen Infos: die Minijob-Zentrale. Du findest sie unter dem im Quellenverzeichnis genannten Stichwort im Internet.[87]

SELBSTÄNDIGKEIT (ZU 100 PROZENT)

Falls du die hauptberufliche Selbständigkeit ernsthaft in Erwägung ziehst, informiere dich bitte unbedingt vorher bei entsprechenden Stellen. Gute (kostenlose) Anlaufstellen sind beispielsweise das Existenzgründungsportal des Bundesministeriums für Wirtschaft und Energie, die Agentur für Arbeit sowie Industrie- und Handelskammern, Handwerkskammern usw. Natürlich gibt es auch private Gründungsberater und Coaches, die dir behilflich sein können. Diese jedoch wirst du löhnen müssen. Egal, wofür du dich entscheidest, es wird der erste wichtige Schritt auf deinem Weg in eine neue – mit viel Sinn und Freude erfüllte – berufliche Zukunft sein. Deswegen: Fasse dir ein Herz und informiere dich!

Wenn du es schaffst, dich von dem, was die Gesellschaft als „normal" ansieht, nicht mehr beeinflussen zu lassen, sondern deinen eigenen Weg zu gehen, werden sich zu deinem Erstaunen viele Dinge in deinem Leben positiv verändern. Vertraue deiner Intuition. Du liest dieses Buch schließlich nicht umsonst ...

1.7 Abseits der Norm:

Minimalismus als Weg

Im vorigen Abschnitt hast du dich ja schon intensiv mit einer möglichen Reduzierung deiner Arbeitszeit befasst. Wenn du dir daneben keinen weiteren Job parallel suchst, praktizierst du damit unbewusst ein minimalistisches Leben. Das ist gut und schlecht zugleich – abhängig davon, ob du freiwillig oder *un*freiwillig mit den damit verbundenen Einschränkungen lebst. Naheliegendes Beispiel Jobverlust: In diesem Fall wirst du dich gezwungenermaßen sehr schnell einschränken müssen, um gut über die Runden zu kommen. Trotzdem möchte ich hier gerne eine Lanze für den Minimalismus brechen, weil ich denke, dass er feinfühligen Menschen im Hinblick auf ein erfülltes Berufsleben sehr entgegenkommen kann. Führen wir uns deswegen zunächst das *freiwillige minimalistische Leben* vor Augen. Thomas, 45, und Single ist hierfür ein recht gutes Beispiel:

„Minimalistisch leben bedeutet für mich, nicht alles zu kaufen, was es auf dem Markt so gibt, sondern lieber bewusst auszuwählen. Oft stelle ich mir die Frage: Brauche ich das wirklich? Heraus kommt in den meisten Fällen ein Nein. Wenn es möglich ist, verzichte ich auf das Auto und fahre mit dem Rad – da bleibe ich fit und muss nicht in einen sündhaft teuren Fitnesstempel gehen. Auch in Sachen Wohnung habe ich mich verkleinert. Ich lebe in einer WG mit netten Leuten und zahle deutlich weniger Miete, als wenn ich alleine wohnen würde. Beruflich habe ich vor drei Jahren einen Schnitt gemacht: Ich bin jetzt Physiotherapeut. Damit verdiene ich zwar weniger als in meinem vorigen Handwerkerberuf, bin aber viel ausgeglichener! Früher brauchte ich ständig die neuesten technischen Spielereien, um meinen stressigen Alltag zu kompensieren. Das habe ich abgelegt. Inzwischen stelle ich fest, dass ich eigentlich gar nicht so viel brauche, um mich gut zu fühlen. Für mich ist Glück mittlerweile sowieso etwas anderes: die Arbeit zu tun, die mir gefällt, und finanziell soweit wie möglich unabhängig zu sein. Ich weiß gar nicht, wieso ich das nicht schon viel früher so gemacht habe."

Betrachte ich das Beispiel Thomas näher, komme ich zu dem Schluss, dass er sich durch seinen Jobwechsel in eine andere Branche auf den ersten Blick ganz klar finanziell verschlechtert hat. Schaue ich aber genauer hin, stelle ich fest, dass er auf der anderen Seite ja auch seine Ausgabensituation reduziert hat. Das bedeutet: Das *Verhältnis* der beiden Dinge zueinander bleibt trotzdem ziemlich gleich. Nur eines hat sich geändert: Thomas ist glücklicher. Offensichtlich hat er dann gar kein so schlechtes Geschäft gemacht.

Gucken wir ein wenig näher hin. Müsste ich das minimalistische Leben von Thomas in eine Definition pressen, würde sie wahrscheinlich folgendermaßen lauten: Minimalismus ist, grob gesagt, ein eher „einfaches" Leben. Eine Geisteshaltung, die weg vom übermäßigen Konsum führt und hin zu mehr persönlicher Freiheit. In meinen Ohren hört sich das durchaus erstrebenswert an. Robert Wringham[88] propagiert das ebenfalls. Ein minimalistischer Lebensstil sieht seiner Ansicht nach so aus:

1. *Kaufen Sie nichts oder schaffen Sie sich nichts an, was Sie nicht essen können.*
2. *Schaffen Sie alles ab, was Sie nicht regelmäßig benutzen oder das keinen besonderen ästhetischen Wert für Sie hat.*

Indem du also nur die Dinge in deinem Leben lässt, die absolut notwendig bzw. nützlich sind, und den Rest *je nach Wertigkeit* für dich *auswählst*, handelst du minimalistisch. Tust du das nicht, landest du meist ganz schnell in einer nicht zu unterschätzenden Falle: dem *„Lifestyle Creep"* wie Adam Fletcher[89] es in seinem höchst genialen Buch „Wir können auch anders. Wie man falsche Jobs gegen echtes Glück eintauscht" bezeichnet.

Den *„Lifestyle Creep"* bringt er so auf den Punkt:

„Für viele Menschen entwickelt sich das Leben auf ähnliche Weise – wir bekommen einen Job und dieser Job bringt einen bestimmten Geldbetrag ein. Auf der Basis der Information treffen wir finanzielle Entscheidungen, etwa welches Auto wir fahren, wie viele Zimmer unser Haus oder unsere Wohnung hat, welche Reiseziele für unseren Urlaub in Frage kommen. Wir arbeiten in diesem Job, was das Zeug hält, dann suchen wir uns einen besseren, der meistens mit einem höheren Gehalt und einem höheren Status einhergeht. (...) Doch nun da wir ein höheres Einkommen haben, wollen wir uns in einigen Bereichen unseres Lebens etwas gönnen. Neue Spielzeuge. Neue Accessoires. Neue Wohnung."

Der „Lifestyle Creep" ist dir nicht fremd? Falls ja, überlege in welchem Bereich du ihm etwas entgegensetzen kannst, um künftig in deinen beruflichen Entscheidungen freier zu sein.

Dies bedeutet, dass viele Menschen sich immer mehr upgraden bis es nicht mehr geht und eines schönen Tages feststellen, dass trotz guten Gehalts auf dem eigenen Bankkonto Ebbe herrscht. Hm. Befremdlich, mit dem Rücken so zur Wand zu stehen, oder? Freiheit schmeckt anders.

Fletcher[90] hat für stressgeplagte Arbeitnehmer ein Rechnungsmodell erstellt, das er *„die Freiheitsformel"* nennt und folgendermaßen aussieht:

„Fixkosten (z. B. Miete, Versicherung)

+

variable Kosten (z. B. Essen/Trinken, Unterhaltung, Freizeit, Sport)

=

Freiheitsformel"

Was soll dir diese Freiheitsformel sagen? Nun, sie ermöglicht es dir, Entscheidungen völlig unabhängig von deinem Einkommen zu treffen – und zwar, weil du eine sehr gut gesteuerte Ausgabensituation hast und nur das ausgibst, was wirklich nötig ist (also das absolute Gegenteil vom „Lifestyle Creep"). Ich weiß, das ist anfangs bestimmt nicht leicht und erfordert große Überwindung. Wenn du es jedoch geschafft hast, dich hier umzustellen, bist du plötzlich wie durch Zauberhand finanziell unabhängiger und hast dazu noch mehr Wahlfreiheit. Fletscher selbst lebt schon seit Jahren nach diesem Modell, ohne seine Lebensqualität sehr einzuschränken. Dabei nehmen seine Ersparnisse ganz nebenbei beständig zu – er scheint also etwas richtig gemacht zu haben. Ein weiterer, nicht zu unterschätzender Vorteil der *Freiheitsformel*: Wer seine Ausgabensituation gut im Griff hat, ist besser gerüstet für etwaige Lebensunwägbarkeiten wie Arbeitslosigkeit oder Krankheit.

So setzt du das Ganze um:

Lege dir zwei Konten zu – ein *Sparkonto* und ein „*Freiheitsformel-Konto*". Auf das *Sparkonto* wird dein monatliches Einkommen überwiesen, auf das *Freiheitsformel-Konto* der Betrag, den du dir mit der obigen Freiheitsformel ausgerechnet hast – am besten per Dauerauftrag. Wenn du das so machst, zeigt dir dein *Freiheitsformel-Konto* jederzeit an, wie viel du bis zum Ende des Monats noch ausgeben darfst. Bleibt etwas übrig, besitzt du ein Plus für den kommenden Monat und kannst dir etwas leisten, was deinem Herzen beliebt. Größere Ausgaben (z. B. kaputtes Auto, Kurzurlaub) bestreitest du von deinem *Sparkonto* – nach Möglichkeit aber nicht allzu oft, denn sonst wird sich dein finanzielles Polster schneller wieder verringern, als dir lieb ist.

Wenn du dir das durchliest und diese Methode ernsthaft in Erwägung ziehst, stellst du wahrscheinlich fest, dass wir schon wieder beim Thema Unabhängigkeit sind – diesmal aber nicht im Sinne von Diversifikation (wie im vorigen Abschnitt erwähnt), sondern in Bezug auf das Treffen von – beispielsweise beruflichen – Entscheidungen. Wieso also nicht den Job annehmen, zu dem es dich zieht, auch wenn das Einkommen vielleicht geringer ist? Oder aber auf Teilzeit gehen, weil deine Ausgabensituation es erlaubt? Viele feinfühlige Menschen lieben es, unabhängig und damit frei zu sein. Sie möchten eigenverantwortlich und ohne Fremdsteuerung leben und arbeiten – im Berufsleben nicht selten eine Herausforderung. Sandra Tissot beispielsweise warnt im meinweg-deinweg-Interview[91] eindringlich vor einer *„stillen Abhängigkeit im Angestelltenverhältnis"* und erklärt:

„Hochsensible sind in ihrem Inneren oft Freigeister. Werden sie ‚an die Leine' genommen, kommt es gerade im klassischen Angestelltenverhältnis nicht selten zu einer ‚stillen Abhängigkeit'. Sie sind still abhängig von der Gunst des Chefs, der Kollegen, den Geschäftspartnern – das geht bei der Terminplanung los, erstreckt sich über die Art, wie Projekte bearbeitet werden (Zeitpläne werden von anderen gemacht, leider selten eingehalten, es mangelt an Pufferzeiten etc.), bis hin zu vorgeschriebenen Ruhephasen (feste Mittagspause zu bestimmter Uhrzeit, vordefinierte Urlaubsplanung)."

Minimalismus *kann* dieser Abhängigkeit entgegenwirken – sofern du es richtig anstellst. Doch es gibt noch weitere Bonuspunkte.[92] So setzt du z. B. einer kräftezehrenden und hohen Arbeitsbelastung mit einer etwaigen Stundenreduzierung mehr oder weniger automatisch etwas dagegen. Auch gewinnst du insgesamt mehr Zeit für die Dinge, die dir wichtig sind, weil du weniger konsumierst. Christof Herrmann, ein überzeugter Minimalist, schreibt hierzu auf seinem Blog:[93]

„Vor hundert Jahren besaß der Durchschnittsdeutsche 1.000 Gegenstände. Heute sind es zehnmal so viele. Kein Wunder, dass wir das Gefühl haben, immer weniger Zeit zu haben. All die Gegenstände müssen schließlich recherchiert, ausgewählt, gekauft (mit Geld, das auch noch verdient werden muss), heimgebracht, benutzt, organisiert, gepflegt, repariert, entsorgt und ersetzt werden. Verzichtet man auf Sa-

chen, gewinnt man wertvolle Zeit, um Sachen zu machen. Familie und Freunde, Nachbarschaftshilfe und ehrenamtliche Tätigkeiten sowie die eigenen Passionen treten in den Vordergrund."

Darüber hinaus wirkst du dem weit verbreiteten „höher – schneller – weiter" und der damit verbundenen Reizüberflutung entgegen (z. B. durch gezielte Auswahl deiner Freizeitaktivitäten versus blindem „Zuschütten" mit denselben) und bekämpfst schlicht deine berufliche Unzufriedenheit, indem du dich verstärkt dem widmen kannst, was wichtiger ist als Konsumgüter: deiner (beruflichen) Leidenschaft. Bist du so, wie Sylvia Löhken es in ihrem Buch „Leise Menschen – starke Wirkung" von vielen introvertierten Menschen berichtet[94] (Verlangen nach Tiefe bzw. Klarheit, Konzentration auf das Wesentliche sowie ausgeprägtes Qualitätsempfinden), tut dir Minimalismus sicherlich gut.

Doch was ist mit denen, die sich gezwungenermaßen einschränken müssen? Die plötzlich *unfreiwillig* frei sind? Ich spreche von denjenigen, die heute ihre Arbeit verlieren und sich morgen beim Amt melden müssen. Ein Blogleser, 50, schreibt:

„Ich wollte schon immer einen Beruf, wo ich möglichst wenig mit Menschen zu tun habe. Lange Jahre habe ich das auch geschafft, nur als mein Betrieb Pleite gegangen ist, wurde ich arbeitslos. Jetzt bin ich 50 und habe große Probleme, einen neuen Job zu finden. Irgendwie wirke ich auf die Leute wahrscheinlich wie ein komischer Kauz, weil ich so wenig aus mir herausgehe. Diese Situation belastet mich sehr. Aber was soll ich machen? Ich bin halt, wie ich bin!"

So wie diesem Mann geht es leider vielen – nicht nur introvertierten – Menschen. Hinter Deutschlands monatlicher Arbeitslosenstatistik verbirgt sich eine Vielzahl von Einzelschicksalen, deren Hintergründe wir nur vermuten können. Aber wirkt sich Introversion denn ungünstig auf eine berufliche Laufbahn aus? Psychotherapeut Prof. Dr. Koni Rohner[95] verneint das, zumindest, wenn es pauschal so formuliert wird. Trotzdem ist es nicht zu leugnen, dass zurückhaltende Menschen in unserer Gesellschaft leichter übersehen werden. Ganz im Gegensatz zu lautstarken Plaudertaschen, die sich problemlos und gerne in den Vordergrund drängen. Auch wenn es auf den ersten Blick wahrscheinlich nicht so aussieht: Arbeitslosigkeit kann Stress verursachen, der sich mitunter negativ auf die eigene Lebenssituation auswirkt. Es kann das Gefühl vorherrschen, von der Gesellschaft nicht mehr gebraucht zu werden. Was sich dahinter verbirgt? Ohnmacht, eine subjektiv wahrgenommene Nutzlosigkeit, mangelnde Bestätigung von außen und ein nicht zu unterschätzendes Gefühl der Unsicherheit.[96] Bei sehr feinfühligen Menschen kommen oft noch Selbstzweifel dazu. Ursache hierfür sind zahlreiche – mitunter negative – Erfahrungen in der Vergangenheit, die diesen Menschen immer wieder aufs Neue vermittelten, nicht „normal" oder gar mangelhaft zu sein.[97] Keinen Job zu haben gilt nicht nur aus diesem Grund bei vielen Zartbesaiteten als Worst Case. *„Wer bin ich in dieser Gesellschaft, wenn ich nicht arbeite?"* Diese Frage stellen sich viele Beschäftigungslose, während sie diejenigen betrachten, die in einem Arbeitsverhältnis stehen. Nicht selten vermittelt „Arbeit" schließlich das Gefühl, gebraucht zu werden, sie ermöglicht, mit anderen zusammenzutreffen, und im besten Fall, die eigenen Talente sinnvoll einsetzen zu können.

Wir stellen fest – und zwar unabhängig von persönlicher Sensibilität: Ein Arbeitsplatzverlust ist immer eine höchst dramatische Situation, die neben einer hohen seelischen Belastung und gesundheitlichen Problemen mit vielen weiteren negativen Konsequenzen verbunden ist. Trotzdem ist es gerade für in sich gekehrte Menschen enorm wichtig, in solch einer Situation nicht den Kopf zu verlieren. Eine sehr große Gefahr stellt hier die *subjektiv empfundene Wertlosigkeit* dar, von der nach einem Jobverlust häufig berichtet wird. David D. Burns, Bestsellerautor und klinischer Psychiater,[98] spricht sich absolut gegen diese belastende Selbstgeißelung aus. Er betont: *„Ihre Arbeit ist nicht ihr Wert!"* Viele Menschen empfinden dies aber so, sie bringen Produktivität und beruflichen Erfolg unmittelbar mit persönlicher Wertigkeit in Verbindung. Verlieren sie ihre Arbeit, fühlen sie sich von einem Tag auf den anderen nutzlos. Zugegeben, eine ungute Konstellation, die sich in Sachen erfolgreiche Jobfindung wahrscheinlich nicht gerade positiv auswirkt. Aber warum erzähle ich dir das? Weil ich dir deutlich machen will, dass so etwas wie Arbeit überflüssig wie ein Kropf ist? Nein. So meine ich das nicht. Natürlich brauchen wir alle eine (mehr oder weniger geregelte) Einkommensquelle, die es uns ermöglicht, das eigene Leben und das der Familie zu finanzieren. Trotzdem dürfen wir gerade in so einer schwierigen Situation nicht vergessen, dass es noch viele, viele andere Dinge auf der Welt gibt, die uns Wert und Nutzen vermitteln können – völlig unabhängig davon, ob sie nun bezahlt werden oder nicht. Kurz: Wir sind wertvoll. Wir sind liebenswert. Wir verdienen Respekt. Egal, ob wir in einem Beschäftigungsverhältnis stehen oder nicht.

Solltest du also in einer solch frustrierenden Lebenssituation sein, versuche bitte, den Mut nicht zu verlieren und weiterhin an dich zu glauben. Ich garantiere dir: Irgendwann bietet sich dir wieder eine Perspektive bzw. ein neuer Weg – vielleicht sogar in eine Lebens- und Arbeitsform, die dir besser behagt. Nicht selten ist es so, dass sich erst im größten Leid herauskristallisiert, wo man den Hebel ansetzen muss, damit sich etwas ändert.[99] So passiert es immer wieder, dass gerade Krisensituationen wie Trennung, Konkurs, Unfälle, Krankheiten oder Arbeitslosigkeit Menschen dazu bewegen, ihre Lebensumstände zu hinterfragen und mutig zu verändern. Gerald Hüther[100] hierzu:

„Eine Möglichkeit, um die Beschränktheit der eigenen Vorstellungen zu überwinden, bietet das Scheitern. Wenn der Schmerz über den völligen Zusammenbruch des bisher verfolgten Lebensentwurfs und des dazugehörigen Selbstbildes hinreichend tief geht, kann es bisweilen zu einer Blicköffnung kommen. Dann wird es möglich, die Begrenztheit der bisher für zutreffend und allgemeingültig gehaltenen Vorstellungen und Überzeugungen zu erkennen und nach einer neuen, umfassenderen und tragfähigeren Orientierung zu suchen."

Klar: Wann, wo oder wie das genau sein wird, hast du wahrscheinlich nur bedingt in der Hand. Was du aber definitiv in der Hand hast: Du kannst die Zeit der Arbeitslosigkeit bestmöglich nutzen. Was also tun, wenn du ohne Job bist und dir die Orientierung fehlt? Richard Nelson Bolles[101] schlägt Folgendes vor:

- Es kann sein, dass du (z. B. auf deinen ehemaligen Arbeitgeber, Ex-Kollegen oder wen auch immer) wütend bist. Versuche trotzdem, nach vorne zu schauen, denn das, was passiert ist, gehört in die Vergangenheit und hat nichts mit deiner *Zukunft* zu tun. Wichtig: Die Vergangenheit kannst du nicht ändern, die Zukunft schon. Wenn dich also deine Wut übermannt, suche dir Menschen, die dir zuhören und für dich da sind (z. B. dein Partner, Freunde, professionelle Therapeuten), oder wende dich an eine Instanz, die dir Trost und Glauben vermittelt (z. B. Gott).

- Mache dir grundsätzlich Gedanken darüber, wie du den Rest deines Lebens gestalten willst. Das heißt, gehe in dich und lerne, dich nicht über deinen Beruf, sondern über das, was du kannst, zu definieren. Frage dich: *„Warum bin ich auf der Welt?"*

- Vermeide es, ständig mit dir alleine zu sein. Schaffe dir Zeiten mit Menschen, mit denen du dich gerne umgibst und die dir wichtig sind. Tue darüber hinaus Dinge, die dir guttun und für die du jetzt verstärkt Zeit hast: deine Hobbys wie Gärtnern, Singen, Malen, Musikhören usw.

- Versuche, einen geregelten Tagesablauf einzuhalten (d. h. gehe zur selben Zeit ins Bett und stehe am Morgen wieder auf), wage dich an die frische Luft und ernähre dich ausgewogen.

- Suche dir einen Aushilfsjob oder engagiere dich ehrenamtlich für andere (z. B. Menschen mit Behinderung, Senioren, Sterbende). Das gibt dir das Gefühl, etwas Sinnvolles zu tun, und nebenbei noch die Möglichkeit, neue Fähigkeiten zu erwerben. (*P.S.: Vielleicht ist das ja ebenfalls eine unerwartete Option, in einen anderen Jobbereich hineinzurutschen?!*)

- Absolviere eine Weiterbildungsmaßnahme und erschließe dir neue Perspektiven (z. B. das eigene berufliche Wissen auf den neuesten Stand bringen oder sich durch ein Praktikum in einen bislang unbekannten Bereich einzuarbeiten, der einer neuen Berufsrichtung dienlich sein könnte). Andere Möglichkeit: Schreibe dich als Gasthörer an einer Universität ein und profitiere von aktuellem Fachwissen.

- Falls alles nichts hilft und du schon seit über einem halben Jahr oder länger arbeitslos bist: Überlege, deinen Wohnort zu wechseln, dich umschulen zu lassen, oder einen möglichen (bitte vorher gut geplanten und recherchierten!) Sprung in die Selbständigkeit. (*P.S. Hier kann dich dein Arbeitsberater sicher sehr gut im Hinblick auf Förderungsmodalitäten für eine geplante Existenzgründung beraten.*)

Alle diese Tipps sind sehr wirkungsvoll, um eine belastende Situation wie die Arbeitslosigkeit unbeschadet zu überstehen. Noch wichtiger jedoch ist das Hauptziel dieser herausfordernden Zeit: einen besseren und zu dir passenden Job zu finden. Das schaffst du mit geeigneten Bewerbungsstrategien – für leise Menschen sehen die jedoch ein wenig anders aus als für die lauteren. Sehen wir uns das im nächsten Abschnitt einmal näher an.

Minimalismus ist zugegebenermaßen nicht für jedermann etwas. Er kann jedoch – ob gezwungenermaßen oder nicht – eine nicht zu unterschätzende Option sein, sich in beruflicher Hinsicht leichter zu wandeln und insgesamt zufriedener zu sein.

1.8 Hol dir den Pott:

Bewerben & Co.

So. Jetzt ist es soweit. In den vergangenen Abschnitten hast du dir Gedanken über deine Person und das, was du von einer Arbeitsstelle erwartest, gemacht. Du kennst deine Bedürfnisse, Schwächen bzw. Fähigkeiten und besitzt eine ungefähre Vorstellung davon, welche Arbeitsform tatsächlich zu dir passen könnte. Du weißt, dass du sehr wohl auswählen kannst, wo und wie viele Stunden du pro Woche arbeiten möchtest, wenn du Abstriche bei deinem Einkommen und Lebensstandard machst. Was jetzt kommt, ist das, was den Theoretiker vom Praktiker unterscheidet: Du gehst *tatsächlich* auf Stellensuche und wagst etwas! Dabei könnte es dir passieren, dass du auf ein paar Hürden stößt, die bei dir aufgrund deines zarten Wesens wahrscheinlich noch ein bisschen höher liegen als beim „normalen Arbeitnehmer". Sie heißen:

- Angst (z. B. vor Veränderung oder ungewohnten Situationen),
- sich erfolgreich gegenüber anderen durchsetzen,
- wirken, aber ohne zu prahlen.

Beschäftigen wir uns zunächst mit Hürde Nr. 1: der *Angst*. Wie du sicherlich weißt, ist Angst dazu da, dich vor etwas zu schützen – im schlimmsten Fall vor einer akuten Lebensgefahr.[102] Diese Angst ist also absolut *angemessen*. Jedoch gibt es noch eine andere Art der Angst: die *unpassende*. Der Unterschied: Die angemessene Angst *bewahrt* dich vor etwas, die unpassende *hemmt* dich. Dies könnte beispielsweise dazu führen, dass du in manchen Situationen etwas *vermeidest*, obwohl es dir grundsätzlich wichtig wäre (z. B. Konfliktgespräche führen, an die Öffentlichkeit treten usw.). Aber du kannst etwas dagegen tun, und zwar *aktiv*.

Zunächst einmal solltest du dir klarmachen, dass deine berufliche Neuorientierung für dich eine enorm große Bedeutung hat. So groß, dass du bereit bist, dich den Befürchtungen, welche Risiken mit dieser Veränderung verbunden sein könnten, zu stellen. Das Ziel – einen Arbeitsplatz zu finden, der dich erfüllt – ist es dir einfach wert, etwas zu wagen und deine Komfortzone zu verlassen. Gleichzeitig bist du dir dessen bewusst, dass bei dir Ängste und Unsicherheiten vorhanden sind und dich wohl während der ganzen Zeit der Neuorientierung begleiten werden. Um dies gut auszuhalten und dein Vorhaben trotzdem durchzuziehen, brauchst du Mut und musst über deinen Schatten springen. Vielleicht hilft dir dabei ein Satz, den ich schon vor längerer Zeit in einem Film gehört und mir sofort notiert habe, weil er mich so angesprochen hat. Er lautet: *„Wenn du mehr Mut möchtest und Gott um diese Eigenschaft bittest, wird er dir nicht einfach mehr Mut geben – er wird dir Situationen schicken, in denen du Mut beweisen kannst."*

Das ist sie nun, die Situation, in der du Mut beweisen darfst. Was aber kann dir deine unvermeidbare Angst im Gepäck ein klein wenig leichter machen? Meine Antwort: Reduziere sie, mach sie kleiner, forme sie um – und zwar zu einem praktischen kleinen Päckchen, das in deinem Umorientierungsrucksack zwar mit dabei ist, dich aber trotzdem nicht hindert, anzufangen und voranzukommen. Gerne verdeutliche ich dir das an einem Beispiel: Wenn du ein zart besaiteter Mensch bist, kann es sein, dass dir Bescheidenheit nicht fremd ist.[103] Wahrscheinlich graut es dir deswegen oft davor, dich anzupreisen oder gar in den Vordergrund zu stellen. Darüber hinaus siehst du dich vielleicht eher mit einem kritischen Auge – zu oft wurde dir von deiner Umwelt gespiegelt, dass das, was du tust oder wie du bist, irgendwie „unzureichend" ist. Denn was macht es mit dir, wenn alle Welt dir immer sagt:[104]

„Du bist …

- *zu* still,
- *zu* bescheiden,
- *zu* zurückhaltend,
- *zu* defensiv,
- *zu* zögerlich,
- *zu* langsam,
- *zu* grüblerisch?"

Läuft das über Jahre und Jahrzehnte, könntest du die Worte *„Ich kann nichts. Ich bin nicht gut genug"* als dauerhaftes, unerschütterliches Credo verinnerlichen. Die Wahrheit – dass du völlig in Ordnung und liebenswert bist! – wird dann in den Hintergrund gedrängt und du wirst das, was dich ausmacht, als „negativ" empfinden. Oder gibt es dir keinen Stich, wenn jemand dir zu verstehen gibt: *„Ach, von dir hört man nie einen Mucks"* oder: *„Denk doch nicht immer so viel nach"*? Wahrscheinlich schon. Übertragen wir das jetzt auf die Situation der beruflichen Umorientierung dürften dir Angstgedanken wie diese deshalb bekannt vorkommen: *„O Gott, ich schaffe das nicht. Das wird bestimmt wieder schiefgehen. Warum sollte ausgerechnet mich irgendjemand wollen?"*

Dahinter steckt ein in dieser Gesellschaft sehr weit verbreitetes Problem: Das Minderwertigkeitsgefühl – der beste Freund der Angst.[105] Glücklicherweise kann ich dich absolut beruhigen, denn dieses Minderwertigkeitsgefühl ist wirklich unbegründet. Die Realität: *Du* bist ein Mensch *wie jeder andere*, weder besser noch schlechter und mit ganz normalen, individuellen Stärken und Schwächen! Das große Geheimnis, um gut mit deinem Minderwertigkeitsgefühl umzugehen, liegt demnach in einer gesunden Selbstakzeptanz. Dies erreichst du, indem du dem, was du fühlst (Angst und Minderwertigkeit), etwas entgegensetzt.[106] Das heißt: *Handle entgegengesetzt, denke entgegengesetzt und nimm eine entgegengesetzte Körperhaltung ein!*

Übertragen auf unser Bewerbungsbeispiel bedeutet das:

Handle entgegengesetzt
Ziehe deine Neuorientierung *trotzdem* durch, selbst wenn du dich vielleicht für minderwertig hältst und annimmst, dass dich sowieso niemand einstellt. Setze dich auf deine vier Buchstaben. Recherchiere. Finde Firmen bzw. Tätigkeiten, die dich ansprechen, und bewirb dich. Lasse deine Stärken für dich sprechen – sowohl in deinen Unterlagen als auch im persönli-

chen Gespräch (keine Bange, dazu kommen wir später noch). Kurz: Setze deinen Zweifeln etwas entgegen und versuche, dir eine offene Grundhaltung anzueignen. Du hast nichts zu verlieren, ganz im Gegenteil: Je öfter du deinen Ängsten mutig entgegentrittst, desto kleiner werden sie! Hier greift das schöne lateinische Sprichwort: *„Usus est magister optimus. (Übung ist der beste Lehrmeister.)“*

Denke entgegengesetzt
Anstatt zu denken *„Ich bin nichts wert“*, denke lieber: *„Ich bin ein wertvoller Mensch. Auch wenn ich gerade in einer beruflichen Umbruchphase stecke, ich bin gut. Ich schaffe das!“* Sag dir das immer und immer wieder, schreib es auf Karteikärtchen, nimm es auf Band auf – so lange, bis du es verinnerlicht hast.

Nimm eine entgegengesetzte Körperhaltung ein
Wenn deine Minderwertigkeitsgefühle dich zu überwältigen drohen, atme tief durch, richte deinen Oberkörper auf, setze dich gerade hin und halte deinen Kopf aufrecht. Werde also insgesamt aktiv und lass dich nicht hängen.

Führe dir bitte vor Augen: Wenn du diese drei Komponenten beachtest, und *entgegen* deinem Gefühl bzw. dem, was du denkst, handelst, wird sich das *positiv* auf dein Befinden auswirken. Das negative Gefühl schwächt sich dann meist ab und belastet dich nicht mehr so, gleichzeitig verbessert sich deine Wirkung nach außen.

Kommen wir zu den anderen beiden Hemmschuhen *sich erfolgreich gegenüber anderen durchsetzen* und *wirken, aber ohne zu prahlen.* Diese Verhaltensweisen mögen dir als leisen Menschen vielleicht negativ erscheinen, weil dir Konkurrenzdenken und Ellenbogenmentalität eher suspekt sind. Auch Sylvia Harke[107] berichtet davon. Sie stellt fest, dass insbesondere introvertierte Hochsensible Schwierigkeiten haben könnten, sich im Bewerbungsverfahren angemessen zu präsentieren. Lieber stapeln sie tief und halten sich im Hintergrund. Bist du ebenfalls so ein Mensch, der sein Licht lieber unter den Scheffel stellt und das Rampenlicht scheut? Das ist aus meiner Sicht zwar nachvollziehbar, jedoch eine falsche Bescheidenheit. Denn bei alledem darfst du eines nicht vergessen: Du hast (genauso wie jeder andere!) das Recht, ein Ticket ins Vorstellungsgespräch zu bekommen und dich darin bestmöglich zu präsentieren. Vergiss nicht: Das ist eine großartige Chance für einen beruflichen Wandel, ja für eine neue, erfüllende Zukunft!

Der Weg dorthin:

1. **Greife auf das zurück, was du bereits besitzt: deine *Stärken*.**
2. ***Nutze* sie für den Bewerbungsprozess.**

Vier von diesen Stärken, die viele zurückhaltende Menschen in der Bewerbungsphase gut für sich nutzen können, erscheinen mir hier besonders erwähnenswert.[108] Diese sind: *Beharrlichkeit, zielgerichtetes und konzentriertes Vorgehen, eine gute Menschenkenntnis* sowie das damit verbundene *Einfühlungsvermögen.*

Beginnen wir mit der *Beharrlichkeit.* Bestimmt ist es dir schon mal passiert, dass du mit viel Elan eine Bewerbung erstellt, sie an deine Wunschfirma verschickt, aber dann nie eine Antwort bekommen hast. Das heißt: Du wartest und wartest, aber weder trudelt ein Brief ein, der dich zum Vorstellungsgespräch einlädt, noch bekommst du eine Absage. Stattdessen bekommst einfach nichts. Die andere Version: Du erhältst eine Ablehnung. Und auf Deine nächste Bewerbung auch. Gefolgt von einer weiteren. Im schlimmsten Fall erleidest du ein „Ablehnungstrauma“ so wie Karriereexperte Richard Nelson Bolles[109] es beschreibt. Hier sähen die Antworten der unterschiedlichen Arbeitgeber auf die Frage *„Haben Sie einen Job für mich?“* in etwa so aus:

NEIN NEIN NEIN NEIN NEIN NEIN NEIN NEIN NEIN NEIN NEIN NEIN NEIN NEIN NEIN NEIN NEIN NEIN NEIN NEIN NEIN NEIN NEIN NEIN NEIN NEIN NEIN NEIN NEIN NEIN NEIN NEIN NEIN NEIN NEIN NEIN NEIN NEIN NEIN NEIN NEIN NEIN NEIN NEIN JA.

Keine tolle Erfahrung und ganz schön frustrierend. Jetzt könntest du dich vor lauter Verzweiflung natürlich in ein Erdloch verkriechen und das Bewerben schlicht und ergreifend für alle Zeit sein lassen. Genau das aber tust du nicht. Du lässt dich nicht entmutigen und versuchst es mit einem neu formulierten Anschreiben und optimierten Bewerbungsunterlagen bei einer anderen Firma wieder. Und wieder. Und noch einmal. Viele, viele Male. Genau so lange, bis es schließlich klappt, das ersehnte *„JA“* kommt und du den gewünschten Job antreten kannst. Gut gemacht!

Du hast eine *zielgerichtete Art der Geduld* gezeigt. Der deutliche Unterschied zu einer – mitunter krankhaften – Fixierung: Du regierst flexibel auf Widerstände (d. h., du prüfst und verbesserst nach Absagen stetig deine Bewerbungsunterlagen, holst dir kompetenten Rat usw.) und bleibst so lange dran, bis der Erfolg sich einstellt.[110] Das kann übrigens auch bedeuten, sich von Anfang an einen Plan zu machen, wie viele Bewerbungen monatlich oder vierteljährlich verschickt werden sollen, und darauf zu achten, dass es letztlich nicht um Masse, sondern um qualitativ hochwertige Unterlagen geht.[111]

Das führt uns zur zweiten Stärke vieler einfühlsamer Menschen: dem *zielgerichteten Vorgehen.* Wenn du diese Fähigkeit besitzt, analysierst und planst du sehr sorgfältig, wie du vorgehst, und setzt es dann folgerichtig um. Dies lässt dich gut eine Strategie entwickeln, wie du offene Stellen finden kannst und dich dann am besten darauf bewirbst.

Die dritte Stärke, die du als Zartbesaiteter wahrscheinlich aufweist, ist eine gute *Menschenkenntnis.* Dadurch kann dir niemand so leicht ein A für ein O vormachen, weil du sofort spüren würdest, dass da etwas nicht so ganz stimmig ist. Auch erkennst du schnell, wie Menschen, mit denen du zu tun hast, ticken – und natürlich, ob du mit ihnen zurechtkommst oder nicht.

Damit verbunden ist die vierte Stärke: das *Einfühlungsvermögen.* Ein hilfreiches Ziel im Bewerbungsprozess ist es, zu erfassen, was dein Gegenüber sich wünscht, und zu erkennen, wie deine Stärken und Erfahrungen dazu passen. Genau mit diesem Wissen kannst du beispielsweise im

Vorstellungsbesprach sehr gut punkten, darauf kommen wir später noch zurück.

Im Weiteren erscheint es mir sinnvoll, das Vorgehen im Bewerbungsverfahren in vier verschiedene Prozesse zu untergliedern. Das heißt, wir schauen uns zunächst die Phase der *Stellensuche* an, danach die *Gestaltung der Bewerbungsunterlagen*, die *Vorbereitung zum Vorstellungsgespräch* und schließlich das *Vorstellungsgespräch* selbst. In allen vier Phasen kannst du von deiner zielgerichteten und strukturierten Ader profitieren. So packst du es an:

DIE UND SONST KEINE: GEEIGNETE STELLEN FINDEN

In einer Pressemitteilung aus dem Jahre 2017 teilt das Institut für Arbeitsmarkt- und Berufsforschung (kurz IAB) mit, dass in Deutschland jede *dritte* (!) Stelle über *persönliche Kontakte* vergeben wird.[112] Das ist eine sehr gute Nachricht für zurückhaltende Bewerber – weil sie damit genau das nutzen können, was ihnen am besten liegt: wenige, aber dafür enge Kontakte. Das bedeutet, dass du bei der Suche nach einer neuen Arbeitsstelle im ersten Schritt am besten diejenigen Menschen, die du (beruflich und privat) kennst, darüber informierst, dass du eine neue berufliche Herausforderung suchst und beschreibst, wie diese aussehen sollte. Wenn jeder der Angesprochenen das wiederum seinen Freunden und Bekannten weitergibt, entsteht recht schnell ein größeres Netzwerk, das dir im glücklichsten Fall ganz unkompliziert einen neuen Job vermitteln kann.[113] Außerdem kannst du online gehen und soziale Netzwerke[114] wie Xing, LinkedIn oder Facebook für die Stellensuche nutzen. Natürlich kannst du es auch wie meinweg-deinweg-Leserin Tamara machen, die sich ihre Jobs gerne über eine Anzeige sucht:

„Ich habe sehr gute Erfahrungen mit Stellengesuchen in Zeitungen oder auf Internetjobportalen gemacht. Darin beschreibe ich meine Vorstellungen in Bezug auf Arbeitszeit, Tätigkeit bzw. welche Vorerfahrungen ich besitze. Daraufhin ‚bewerben' sich die Firmen bei mir und ich umgehe den Konkurrenzkampf mit anderen Bewerbern. Diese Art der Stellensuche ist für mich so viel entspannter und gibt mir das Gefühl, eine gewisse Wahlfreiheit zu haben."

Doch das Finden offener Stellen ist nur die halbe Miete, auch deine Bewerbungsmappe sollte für sich sprechen.

VISITENKARTE IN SCHRIFTLICHER FORM: BEWERBUNGSMAPPE & CO.

Wie du ja sicher weißt, sind Introvertierte häufig stark im schriftlichen Formulieren – eine sorgfältig erstellte Bewerbungsmappe kann somit ein ganz wunderbarer Türöffner in ein Vorstellungsgespräch sein. Martin Wehrle[115] empfiehlt, bereits im *Anschreiben* anhand von *drei Gründen* deutlich zu machen, *warum du dich* gerade für diese Firma bzw. diese Position *bewirbst.* Weiterhin rät er, im Lebenslauf nicht nur stur alle vorherigen Arbeitgeber aufzulisten, sondern auch eigene *Stärken und Erfolge* zur Sprache zu bringen. Durch dieses Vorgehen bist du praktisch gezwungen, deine ganz persönlichen Vorzüge von vornherein herauszuarbeiten – etwas, was vielen leisen Menschen ja eher zuwider ist, sich auf den Bewerbungsprozess aber meist sehr positiv auswirkt. Musst du beispielsweise längere Lücken im Lebenslauf wie Arbeitslosigkeit, Krankheit usw. aufführen, empfiehlt es sich, anzugeben, was du in dieser Zeit (außer dem Bewerben) für deine berufliche Weiterentwicklung gemacht hast.[116] Hier kannst du z. B. Fort- und Weiterbildungen oder Spezialisierungsmaßnahmen in die gewünschte Berufsrichtung anführen. Damit zeigst du deinem künftigen Arbeitgeber, dass du die Fähigkeit besitzt, auch Krisensituationen sinnvoll zu überbrücken. Mögliche Alternativen, solltest du Schwachstellen deines Lebenslaufes verdecken müssen und bist nicht an eine *Offenbarungspflicht* gebunden: Selbständigkeit, Familienzeit, Auslandsaufenthalte – diese Angaben sollten aber keinesfalls vom neuen Arbeitgeber nachgeprüft werden können. Ein weiterer Tipp:[117] Organisiere ein bis drei schriftliche Referenzen von Autoritäten, die deine Arbeit in der Vergangenheit zu schätzen wussten (z. B. ehemalige Vorgesetzte, Ausbilder, Professoren). Bitte merke dir: Gerade ein *persönliches Referenzschreiben* ist etwas, das immer noch die wenigsten deiner Mitbewerber umsetzen – umso besser also für dich und deine Expertise.

HOPP ODER TOP: OPTIMAL VORBEREITET INS GESPRÄCH

Eine gute Vorbereitung gibt Sicherheit – genau das, was viele zurückhaltende Menschen für eine erfolgreiche berufliche Neuorientierung brauchen. Nicht selten tun sie sich schwer mit Entscheidungen und prüfen sehr genau, ob sie Dinge überhaupt wagen. Lieber gehen sie bedacht vor und vermeiden Risiken.[118] Risiken minimierst du, indem du dich gut auf das Bewerbungsgespräch vorbereitest.[119] Mache dich zunächst mit dem Unternehmen vertraut, bei dem du arbeiten willst (z. B. durch Recherche im Internet oder Zeitungsberichte). Finde danach heraus, welche deiner bisherigen Berufserfahrungen für die ausgeschriebene Stelle bedeutsam sein könnten. Dazu solltest du deinen Lebenslauf noch einmal intensiv durchgehen und dir deine Stärken vor Augen führen. Auch kannst du dich bereits im Vorfeld schon auf Fragen vorbereiten, die in Vorstellungsgesprächen immer wieder auftauchen. Ich selbst habe sehr gute Erfahrungen damit gemacht, das Vorstellungsgespräch vorab im Geiste oder mit Freunden in Form eines Rollenspieles durchzugehen – vielleicht hilft dir diese Methode ja ebenfalls, entspannter zu sein.

Eine gute Vorbereitung ist die Basis für ein erfolgreiches Bewerbungsgespräch. Nur so wirkst du vorhandenen Unsicherheiten entgegen und bist im alles entscheidenden Gespräch nicht so leicht aus der Bahn zu werfen.

Welche Fragen könnten im Vorstellungsgespräch vorkommen? Tausende. Und deshalb gibt es auch tausend Bewerbungsratgeber, die dich bestmöglich auf diese Fragen vorbereiten. Wenn dir schon bei der Vorstellung, die alle durchzupauken, der Kopf raucht, dann spare dir das einfach. Richard Nelson Bolles[120] bricht die Vielzahl der möglichen Fragen auf fünf Kernfragen herunter. Wenn du diese gut beantworten kannst, bist du wirklich fit fürs Vorstellungsgespräch. Hier sind sie:

1. **„Warum sind Sie hier?"** Meint: Warum willst du in unserem Unternehmen deine Brötchen verdienen und nicht beim Betrieb nebenan?

2. **„Was können Sie für uns tun?"** Meint: Was weißt du über unser Firmengeschäft und warum kannst gerade du ein Teil der Lösung für auftretende Schwierigkeiten sein?

3. **„Was für ein Mensch sind Sie?"** Meint: Ist eine gute Zusammenarbeit mit dir möglich, passt deine Person zu unserer Firmenphilosophie und stehst du selbst dahinter?

4. **„Was unterscheidet Sie von neunzehn anderen Menschen, die über die gleichen Fähigkeiten verfügen wie Sie?"** Meint: Bist du pünktlicher, zuvorkommender, gründlicher usw. als deine Mitbewerber?

5. **„Kann ich es mir leisten, Sie einzustellen?"** Meint: Arbeitest du so, wie wir es erwarten, und zwar zu dem Preis, den wir zahlen können?

Auf eine weitere, häufig gestellte Frage möchte ich darüber hinaus noch eingehen, weil sie gerade für feinfühlige Menschen eine gute Möglichkeit darstellt, auf das eigene Wesen hinzuweisen, ohne lügen zu müssen. Die Frage lautet: *„Welche Stärken und Schwächen haben Sie?"* Noch mal: Es bringt nichts, etwas vorzugaukeln, was du nicht bist. Sonst besteht die Gefahr, dass du etwas machst, das deine persönlichen Grenzen überschreitet – am Ende bringt das weder dir noch dem Unternehmen etwas und kann in Unzufriedenheit oder einer Auflösung des Arbeitsverhältnisses enden. Sylvia Harke[121] gibt empfindsamen Personen deswegen den Rat, im Gespräch sowohl die eigenen Stärken als auch Schwächen wahrheitsgetreu mit einfließen zu lassen, z. B.:

Stärke:
„Ich arbeite sorgfältig und kann mich sehr gut auf andere Menschen einstellen."

Schwäche:
„In vorherigen Tätigkeiten habe ich erkannt, dass öffentliches Auftreten nicht zu meinen Stärken gehört, jedoch bin ich sehr gut darin, diese Veranstaltungen zu organisieren und vorzubereiten."

Solltest du Probleme damit haben, dich mit diesen Worten anzupreisen, kannst du auch die von Martin Wehrle[122] empfohlene *„Zirkel-Strategie"* anwenden, d. h., du bringst die Einschätzung eines anderen mit ins Spiel und beziehst dich damit auf eine neutrale Quelle (z. B. deinen derzeitigen oder ehemaligen Chef). Wichtig ist meines Erachtens hierbei auch eine „neutrale Selbsteinschätzung" deiner Person. Es ist nicht zielführend, wenn du dich als „pauschal ungeeignet für alles" einstufst. Ich bin davon überzeugt, dass das nicht der Wahrheit entspricht. Also sei bitte fair zu dir selbst.

„Mein Chef hat mich neulich dafür gelobt, dass ich die Veranstaltung XY mit 200 Leuten so umfassend und kompetent vorbereitet habe. Er ist der Meinung, dass ich sehr vorausschauend und zielgerichtet organisiere."

Was tust du, wenn du es so formulierst? Nun, du machst deine Stärken anhand eines *konkreten Beispiels* deutlich, *jedoch ohne dich selbst zu beweihräuchern.*

Eine gute Vorbereitung auf das Gespräch bedeutet jedoch nicht nur, befragt zu werden, sondern auch, dein Gegenüber zu befragen. Es soll doch hoffentlich ein angenehmes Gespräch werden und keine Abfragestunde. Dazu gehören aber auch die Informationen, die du erhalten möchtest. Schließlich muss dein künftiger Arbeitgeber genauso zu dir passen wie du zu ihm. Einer meiner Blogleser macht das immer so:

„Auf Vorstellungsgespräche bereite ich mich sehr fundiert vor. Ich drucke sowohl mein Anschreiben als auch den Lebenslauf aus, packe das Ganze in eine Mappe und nehme es mit zum Vorstellungsgespräch. Dort will ich dieses wissen:

- Arbeitszeiten?
- Gehalt?
- Betriebsklima?
- Tätigkeitsbereich?
- Weiterbildungsmöglichkeiten?
- Urlaubsregelung/Überstunden?
- Gleitzeit/Homeoffice möglich?
- Warum hat mein Vorgänger die Firma verlassen (oder ist das eine neu geschaffene Stelle)?
- Wer lernt mich an und wie?
- Wie lange ist die Probezeit?
- Kann ich mein neues Büro sehen?
- Ist eine Probearbeit möglich?

Der letzte Punkt ist für mich immer ganz besonders ausschlaggebend. Ich bin der Meinung, nur wenn ich einen Probearbeitstag (oder zumindest ein paar Probestunden) absolviere, kann ich herausfinden, ob die Firma überhaupt zu mir passt. Nicht selten ist es mir in der Vergangenheit passiert, dass im Vorstellungsgespräch alles toll klang, ich aber beim Probearbeiten festgestellt habe, dass die künftigen Kollegen oder die Tätigkeit doch nicht meinen Wünschen entsprachen. Dementsprechend fing ich erst gar nicht an."

Ein kluges Vorgehen, wie ich finde. Auch Richard Nelson Bolles[123] empfiehlt, dass du dir vorab ein paar Fragen überlegst, die du aber im Gespräch nicht direkt stellen, sondern für dich im Stillen beantworten solltest.

Was ist meine Aufgabe in diesem Job?

Kann ich meine Fähigkeiten entsprechend einsetzen?

Kann ich mir vorstellen, mit diesen Menschen zu arbeiten (Stichwort Intuition)?

Was habe ich, was meine Mitbewerber nicht haben?

Entspricht das Gehalt meinen Vorstellungen?

HERAUSFORDERUNG FÜR LEISE: DAS VORSTELLUNGSGESPRÄCH UND DANACH

Auch im Vorstellungsgespräch selbst kannst du an ein paar Schräubchen drehen, um authentisch und bestmöglich rüberzukommen. Es beginnt schon bei der Anfahrt:[124] Plane einen Zeitpuffer von 15 bis 30 Minuten ein. Bist du zu früh da, kannst du noch einmal einen kurzen Spaziergang machen und dann ca. 5 bis 10 Minuten eher vorstellig werden. Im Gespräch sollte dein Gesamtbild stimmen,[125] d. h., kleide dich angemessen, sei freundlich, authentisch und vermittle einen engagierten Eindruck (z. B. durch einen aufrechten Gang und festen Händedruck bereits bei der Begrüßung). Was du unbedingt vermeiden solltest:[126] verschränkte Arme. Stattdessen nimm dir lieber einen Kugelschreiber zur Hand oder platziere deine Hände auf den Tisch. Rücke bitte auch nicht auf dem Stuhl herum, das bringt Unruhe ins Gespräch. Letzter Tipp: Sitze aufrecht – alleine das vermittelt schon einen kompetenten und aufmerksamen Eindruck. Wenn du dir Sorgen machst, dass ein Arbeitgeber dich vielleicht nicht nehmen könnte, weil du zu introvertiert bist, dann lasse dich von Intro-Fachfrau Anne Heintze[127] beruhigen. Sie sagt:

„Moderne Unternehmen betrachten extrovertierte und introvertierte Bewerber gleichrangig. Schließlich ist die Charaktereigenschaft in vielen beruflichen Kontexten von Vorteil. Personalleiter bevorzugen zunehmend gemischte Teams, in denen jeder seine Qualitäten einbringt. (…) Du kannst dir also sicher sein: Du wirst gebraucht, genau so, wie du bist.“

Im direkten Gespräch kannst du übrigens wieder zwei der bereits erwähnten Stärken ausspielen: dein (wahrscheinlich sehr ausgeprägtes) *Einfühlungsvermögen* und die damit verbundene *Menschenkenntnis*.[128] Versuche also, zu erspüren, welche Stimmung in dem Gespräch vorherrscht. Fühlst du dich wohl in dieser Firma? Mit welchen

Worten gewinnst du das Interesse deines Gegenübers? Fahre fort, genau zu diesem Thema mehr zu erzählen. Versuche auch herauszufinden, was dein künftiger Arbeitgeber sich von dir wünscht. Herrscht vielleicht eine Notsituation im Betrieb, für die sich der Arbeitgeber mit deiner Einstellung eine Lösung erhofft?

So. Du hast es geschafft! Das Gespräch ist beendet und du fährst nach Hause. Im besten Fall stellst du dabei fest, dass du den neuen Job haben möchtest und dir sehr gut vorstellen kannst, Teil des Teams zu werden. Perfekt! Doch halt, es ist noch nicht alles in trockenen Tüchern! Gerade jetzt kannst du noch etwas tun, was die meisten Bewerber weglassen und bei potentiellen Arbeitgebern sehr positiv hervorsticht: Schreibe nach dem Vorstellungsgespräch eine kurze E-Mail, in der du in zurückhaltender Weise betonst, was dich an dem angenehmen Gespräch beeindruckt hat. Führe auch auf, warum du gerade deswegen der Meinung bist, dass das Team und du gut zueinander passen würdet (jedoch nur, wenn es wirklich so ist!). Genau dieses Vorgehen kann das entscheidende Zünglein an der Waage sein. Im besten Fall bekommst du eine Zusage und kannst dann erst einmal feiern gehen. Im schlechtesten Fall fischst du irgendwann nach Wochen ein DIN-A4-Kuvert mit einer Standardabsage aus deinem Briefkasten. Sollte das geschehen, mache dir bitte bewusst, dass das nichts mit deiner Person oder grundsätzlichen Fähigkeiten zu tun hat.[129] Vielleicht haben deine Vorerfahrungen einfach nicht zu der Stelle gepasst oder es gab eine andere Unstimmigkeit. Nichtsdestotrotz hast du für dich auf jeden Fall etwas ganz Wertvolles hinzugewonnen: Routine im Führen von Gesprächen und das Wissen, dass du solche Situationen selbst mit deiner feinfühligen Ader gut bewältigen kannst. Was ich dir darüber hinaus noch ans Herz legen möchte: Lass dich von dieser Niederlage bitte nicht entmutigen und behalte dein berufliches Ziel weiterhin im Fokus. Ich verspreche dir, du wirst es erreichen, selbst wenn dies auf Umwegen geschieht. Vielleicht hilft dir dabei ja dieser einfache Vergleich: Stell dir vor, du fährst auf der Autobahn nach München und stößt plötzlich auf eine Totalsperrung. Was würdest du in diesem Fall tun? Ein Zelt aufschlagen? Wieder nach Hause fahren und das ganze Vorhaben abblasen? Wahrscheinlich nicht, oder? Ich vermute, sehr viel eher würdest du nach einer Umleitung Ausschau halten und trotzdem irgendwann in München ankommen.[130] Nun, nicht sehr viel anders verhält es sich mit der passenden Berufsfindung und dem Umgang mit – manchmal unvermeidbaren und übrigens völlig normalen – Rückschlägen.

Die gute Nachricht: Du kannst deine berufliche Situation jederzeit verändern und dich neu orientieren. Die schlechte: Es braucht Zeit, Mut und eine fundierte Vorbereitung. Denn beim Bewerben und Vorstellen gilt:

Übung macht den Meister!

2

Berufsalltag

DIESES KAPITEL IST PASSEND FÜR DICH, WENN ...

- du dich in ein Duracell-Häschen verwandelst, sobald du zur Arbeit kommst,
- deine Kollegen dich liebevoll „Mutter Theresa“ nennen,
- „Nein“ ein Wort ist, das in deinem Wortschatz nicht vorkommt,
- du dich in Konfliktsituationen am liebsten ins stille Kämmerchen verkriechen würdest,
- du jedes Mal die Krise kriegst, wenn du einen Fehler machst,
- du mit deinen Stärken tiefer stapelst als der tiefste Tiefstapler,
- du in Dauerschleife denkst: Soll ich gehen? Bleiben? Gehen? Bleiben? ...

2.1 Wenn es einfach zu viel wird:

Burnout als stille Gefahr

Willkommen im zweiten Kapitel dieses Buches. Hier beschäftigen wir uns mit Problemen, unter denen viele nach innen gekehrte Persönlichkeiten zu leiden haben – selbst wenn sie eine berufliche Tätigkeit ausüben, die im Grunde zu ihnen passt. Sicherlich kennst du den Begriff Burnout – ein Phänomen, das in unserer heutigen Zeit leider immer mehr um sich greift. Die unangenehme Wahrheit: Ein Drittel aller Arbeitnehmer erkranken mindestens einmal im Laufe eines Berufslebens daran.[131] So ein Burnout hat unter anderem mit anhaltendem Stress zu tun. Stress hat verschiedene Ursachen und ist von den Betroffenen meistens nicht so leicht in den Griff zu bekommen. Was aber hat das mit einem feinfühligen Menschen zu tun? Zunächst nichts. Schaut man jedoch genauer hin, stellt man fest, dass es gerade bei eher stillen Menschen gewisse Faktoren gibt, die ein Burnout besonders begünstigen können. Wie du aus den vergangenem Kapitel ja schon weißt, ist dein Hirn von Natur aus aktiver und reagiert stärker auf Reize. Das bedeutet im Umkehrschluss, dass das, was den meisten Extravertierten Freude macht und sie gemeinhin anregt, dir als ruhigen Menschen wahrscheinlich schnell zu viel wird.[132] Fakt ist: Menschen mit feinen Antennen haben häufiger als andere mit dem Problem der Reizüberflutung zu kämpfen. Ist das der Fall, sind die körpereigenen Neurotransmitter (also diejenigen Botenstoffe, welche Reize von einer Nervenzelle zur anderen übertragen) aus dem Gleichgewicht geraten.[133] Dies lässt sich an einer typischen Berufssituation gut veranschaulichen:

Stell dir vor, du sitzt in einem Meeting, zehn Personen nehmen teil, es spricht gerade dein Chef. Der Konferenzraum gleicht einer Sauna, Kunststück, denn draußen sind es 30 Grad. Deine Kollegen hängen mehr oder weniger gleichgültig in den Seilen, du jedoch bemerkst so einiges, was über das Gesagte deines Vorgesetzten hinausgeht:

Kollege Wolfgang räuspert und schnäuzt sich ständig – er hat die Sommergrippe. Du fragst dich, ob das wohl ansteckend ist.

Neben dir sitzt Tamara und hat ihr Parfüm alles andere als sparsam aufgetragen. Das lässt dich mit Übelkeit kämpfen.

Eine Schweißperle bahnt sich ihren Weg über deine Brust. Gruselig, sich jetzt nicht waschen zu können.

Die Uhr an der Wand tickt – für dein Empfinden so laut wie ein Schlagbohrer.

Elke, die dir gegenübersitzt, macht schon seit zwei Tagen so ein zerknautschtes Gesicht – ob es etwas mit dir zu tun hat?

Der Tisch, an dem du sitzt, ist staubig. Plötzlich kämpfst du mit einem Niesreiz.

Zwischen Torsten und Clarissa fallen immer wieder versteckte Blicke. Du bist sicher, da läuft etwas oder die lästern über jemanden.

Bei Teamsitzungspunkt Nummer 8 steigst du geistig aus. Das hat seinen Grund: Du denkst immer noch über den vorherigen Punkt nach.

Jetzt knurrt auch noch dein Magen und schon kannst du nicht mehr stillsitzen. Du musst etwas essen. Sofort!

Preisfrage: Wie wirst du wohl am Ende aus dieser Besprechung herausgehen? So tiefenentspannt wie einige deiner Kollegen? Vermutlich nicht. Wenn du dir jetzt vorstellst, dass du in deiner beruflichen Laufbahn diesen oder ähnlichen Komponenten ständig ausgesetzt bist, kannst du dir auch erklären, warum du mehr Probleme als ein normalsensibler Mensch hast, eine Tätigkeit zu finden, die dich nicht jeden Tag vollkommen auspowert. Die Krux ist:

Du brauchst einfach mehr Kraft als andere, um diese ganzen Eindrücke auszugleichen.

Kommen hier noch andere belastende Faktoren (z. B. stressreicher Anfahrtsweg, Konflikte, Doppelbelastung Arbeit und Familie) hinzu, und das über einen längeren Zeitraum, kann das ein Burnout begünstigen (muss es aber nicht!).[134] Auch die individuelle Persönlichkeitsstruktur kann zum Burnout beitragen.

Besonders burnoutgefährdet bist du zum Beispiel, wenn du ...

- Angst vor Fehlern hast.
- deine Bedürfnisse nicht wirklich kennst oder aber gerne hintanstellst.
- viel grübelst.
- dich vom Leid der Welt betroffen fühlst.
- das Gefühl hast, es allen recht machen zu müssen.
- immer ein offenes Ohr für jedermanns Probleme hast.

Du kannst dir das nicht so richtig vorstellen? Zur Verdeutlichung ein Beispiel von Sabine:

Sabine ist 25 und empfindsam. Schon immer wollte sie anderen helfen und hat deswegen einen sozialen Beruf ergriffen. Ihre Krankenschwesterausbildung schloss sie mit 1,0 ab. Hoch motiviert hat sie die Versorgung von Schlaganfallpatienten in einer speziellen Abteilung des Krankenhauses übernommen.

Sabine kann nicht verstehen, dass manche Kollegen oft krank sind und sie mit der Arbeit alleine lassen. Sie fühlt sich verantwortlich für die Patienten und springt jedes Mal ein, wenn jemand fehlt. Ihre Pausen müssen dann eben ausfallen, sie arbeitet schneller und erledigt verschiedene Aufgaben parallel. Sie übernimmt zusätzliche Nachtschichten, obwohl sie dringend Schlaf benötigen würde. Für Fortbildungen ist Sabine jederzeit aufgeschlossen, diese absolviert sie neben dem Beruf. Sie ist im Krankenhaus sehr beliebt, denn sie hat ein offenes Ohr für Probleme aller Art. Als einfühlsame Ansprechpartnerin für Kollegen und Patienten hört sie diesen immer wieder zu. Dabei kommt es nicht selten vor, dass Sabine zu Hause noch lange über die belastenden Geschichten grübelt und überlegt, wie sie bestmöglich helfen könnte. Leider nehmen die wenigsten Patienten ihre Hilfevorschläge an, fast alle wollen nur ihren Frust ablassen.

Um zur Arbeit zu kommen, quält sich Sabine fast täglich durch den starken Verkehr. Da sie in einer Großstadt lebt, gehört das zur Normalität. Im Team kommt es leider immer öfter zu Konflikten. Sabine macht das ziemlich traurig, sie spürt regelrecht die Spannungen zwischen ihren Kollegen. Mit offenen verbalen Auseinandersetzungen kann sie gar nicht umgehen, da zieht sie sich lieber zurück.

Sabine hat häufig Kopfschmerzen und ist völlig fertig, aber sie macht trotzdem tapfer weiter. Sie kann sich ja nicht krankschreiben lassen, wer würde denn dann die Patienten versorgen?

Hmmm, eigentlich ist Sabine die perfekte Arbeitnehmerin und wuppt den Laden doch ganz gut. Wenn du aber meine Meinung wissen willst: Ich gebe Sabine noch genau zwei Jahre, bis sie an einem Burnout erkrankt. Der naheliegende Grund: Sie hat ihre Bedürfnisse komplett ignoriert. Genau damit öffnet sie einem Zusammenbruch Tür und Tor.

Aber was ist eigentlich dieses Burnout, über das wir schon die ganze Zeit sprechen, genau? Cornelia Löhmer und Rüdiger Standhardt, Autoren von „Timeout statt Burnout“, bezeichnen es als schwere *„körperliche, emotionale und geistige Erschöpfung aufgrund beruflicher und privater Überlastung“*.[135] Zu einem Burnout kann es also kommen, wenn du schon seit langer, langer Zeit belastet warst und nicht für den nötigen Ausgleich sorgen konntest. In der Fachwelt existieren mittlerweile Modelle, die Burnout-Phasen ganz unterschiedlich erklären – in den Grundzügen jedoch sind sie ähnlich.[136] Am Anfang steht immer eine ausgeprägte Einsatzbereitschaft im Beruf. Dadurch werden die eigenen Bedürfnisse vernachlässigt. Probleme, die aus diesem Verhalten entstehen, werden von den Betroffenen ignoriert, stattdessen ziehen sie sich immer mehr zurück und verhalten sich anders als früher. Das geschieht so lange, bis sie sich leer und ausgelaugt fühlen. Was danach kommt, ist häufig unvermeidbar: der endgültige Zusammenbruch.

Deutlich gefährdeter als andere sind übrigens Arbeitnehmer, die sich außerordentlich engagieren und das Selbstwertgefühl am beruflichen Erfolg festmachen. Auch eine erhöhte Reizbarkeit sowie Ängstlichkeit begünstigt das Erkrankungsrisiko. Der Unterschied zur Depression: Ein Burnout-Kranker ist noch aktiv und kämpft für Veränderung, ein Depressiver hingegen hat keine Hoffnung und ergibt sich seinem Schicksal.

Bist du burnoutgefährdet, stellst du die folgenden (mitunter schleichenden) Veränderungen an dir fest:[137]

Du …

- ↻ fühlst dich schon seit längerer Zeit müde und erschöpft – so erschöpft, dass nicht mal ein Kurzurlaub dir Entspannung verschafft.
- ↻ schimpfst nur noch über deine Arbeit und überlegst ständig, wie du „da raus“ kommst.

- bekommst körperliche Symptome (z. B. Schlafstörungen, Klingeln im Ohr, Kopfschmerzen, Verdauungsprobleme).
- stellst psychische Auffälligkeiten fest (z. B. bist freudlos, schlecht gelaunt, fühlst dich leer).
- leidest an kognitiven Einschränkungen (z. B. wenig Selbstwertgefühl, Entscheidungsprobleme, Konzentrationsschwierigkeiten).
- verhältst dich plötzlich anders als gewohnt (z. B. Konsum von Suchtmitteln, Rückzugstendenzen).

Überprüfe dich selbst: Stellst du an dir diese Tendenzen fest? Falls ja, ist es höchste Eisenbahn, deinen Hausarzt aufzusuchen, ihm die Symptome zu schildern – und etwas an deinen Lebensumständen zu ändern!

Ich will gar nicht wissen, wie viele Menschen diese Probleme haben. Sie alle sind gefährdet, an einem Burnout zu erkranken. Auch Georg Parlow, Vorsitzender des Vereins „Zart besaitet“, beschreibt im Interview mit *Gesundheit durch Wissen*,[138] welche Gefahr speziell für sehr Feinfühlige besteht, wenn sie ihre eigenen Bedürfnisse zugunsten ihrer Mitmenschen ständig hintanstellen sollten:

„Auf die Phasen des übermäßigen Liebens oder Wichtignehmens der Mitmenschen folgen unweigerlich Phasen, in denen sich die Situation umdreht. Manche haben in regelmäßigen Abständen Zusammenbrüche, in denen sie sich nur noch um sich selbst kümmern können und alles andere inklusive Elternpflichten vernachlässigen. Andere ziehen sich nach einer längeren Phase der Selbstüberforderung für Jahre völlig zurück und geben fast nichts mehr von sich her. Und wieder andere halten fast ein ganzes Leben durch und brechen dann

so heftig zusammen, dass sie über Jahre hinweg der Pflege durch andere bedürfen."

Doch wie kann man auf sich aufpassen, so dass dies nicht geschieht? Zum Beispiel so: Werde dir deiner individuellen Bedürfnisse als sensibler Mensch klar und akzeptiere deine Grenzen. Das bedeutet natürlich nicht, dass du dich komplett von der Welt zurückziehen und ein Leben als Einsiedlerkrebs führen sollst, aber du solltest in der Lage sein, dir in stressreichen Phasen immer wieder *Rückzugs- und Unterstützungsmöglichkeiten* zu erschaffen. Diese sind enorm wichtig für dich, um dich geistig zu regenerieren und intensive Momente des Glücks erleben. Erst dann wirst du das Leben wirklich in seiner Tiefe genießen können, ohne dabei auszubrennen.[139] Im Fall von Sabine bedeutet das: Nicht immer ...

- pauschal Ja sagen, wenn Kollegen krank werden und sie einspringen soll.
- perfektionistische Leistungen abgeben wollen (80 Prozent sind im Regelfall genug).
- als seelischer Mülleimer für alles und jeden herhalten.
- weitermachen, auch wenn der eigene Körper schon längst signalisiert: „Stopp! Ich brauche Ruhe!"
- grübeln, grübeln, grübeln.
- alles gleichzeitig in viel zu kurzer Zeit erledigen wollen.
- für alles und jeden da zu sein.
- Entspannungszeiten und freudige Momente komplett ausblenden.
- meinen, sich durch außerordentliche Leistung, ständiges Paratstehen und Idealismus anderen gegenüber beweisen zu müssen.

Hätte Sabine diese Fähigkeiten, würde sie in zwei Jahren sicherlich nicht an einem Burnout erkranken. Stattdessen wäre sie trotzdem eine geschätzte Arbeitnehmerin, die Bitten auch einmal ablehnen und gut für sich sorgen kann.

Sylvia Harke[140] rät zu einem *bewusstem* Umgang mit den Körperrhythmen, um ein Burnout zu vermeiden. Sie vergleicht das mit dem völlig *natürlichen Schlaf- und Wachrhythmus*. Klingt logisch: Denn so, wie du dir mit deinem Schlaf unbewusst immer wieder Energie für den kommenden Tag holst, funktioniert auch dein Nervensystem – mal ist es aktiver, mal ruhiger. Beides ist wichtig, um gesund durchs Leben zu kommen. Auch positiv formulierte Aussagen, die du dir immer wieder ins Gedächtnis rufst,[141] können beim Entspannen helfen. Sie lauten:

- Ich liebe und achte mich selbst.
- Ich nehme Rücksicht auf meine Ruhebedürfnisse.
- Ich verabschiede mich von kräftezehrenden Projekten und Beziehungen, die mir nicht guttun.
- Ich achte auf die Bedürfnisse meines Körpers.
- Ich nehme mich selbst in den Fokus meiner Wahrnehmung.

Zudem wird es dir zugutekommen, deine Termine so zu organisieren, dass dir dazwischen Luft zum Atmen bleibt.[142] Verzichte auf Sendungen im Fernsehen, die dich emotional unnötig belasten. Überlege auch, ob das Leben, das du im Moment führst, zu dir passt. Ist das nicht so, wage einen alternativen Lebensentwurf. Erkenne, dass du in Notsituationen durchaus Hilfe von anderen annehmen darfst – so kannst du etwaige Krisen besser bewältigen.

Falls du nun trotzdem noch immer glaubst, dass du keine Veränderung brauchst, dann bedenke bitte eines: Wenn du selbst irgendwann keine Kraft mehr hast, wirst du auch keine Kraft mehr spenden können. Stattdessen wirst du leer sein, ausgepumpt und dein natürliches Strahlen verlieren. Das wäre äußerst betrüblich für alle, inklusive dich selbst. Halte es deswegen lieber wie in diesem wundervollen Gedicht von Bernhard von Clairvaux:[143]

DIE SCHALE DER LIEBE

Wenn du vernünftig bist, erweise dich als Schale

und nicht als Kanal, der fast gleichzeitig empfängt und weitergibt, während jene wartet, bis sie gefüllt ist.

Auf diese Weise gibt sie das, was bei ihr überfließt, ohne eigenen Schaden weiter.

Lerne auch du, nur aus der Fülle auszugießen, und habe nicht den Wunsch, freigiebiger zu sein als Gott.

Die Schale ahmt die Quelle nach.

Erst wenn sie mit Wasser gesättigt ist, strömt sie zum Fluss, wird sie zur See.

Du tue das Gleiche! Zuerst anfüllen und dann ausgießen.

Die gütige und kluge Liebe ist gewohnt überzuströmen, nicht auszuströmen.

Ich möchte nicht reich werden, wenn du dabei leer wirst.

Wenn du nämlich mit dir selber schlecht umgehst, wem bist du dann gut?

Wenn du kannst, hilf mir aus deiner Fülle;

wenn nicht, schone dich.

Übertragen auf dich heißt das: Fülle dich mit Lebensenergie. Dann wirst du in deinem Leben glücklich sein und dein naturgegebenes Potential auf gesunde Art und Weise entfalten können. Ich garantiere dir: Das ist die beste Burnout-Prävention aller Zeiten.

Sensible Menschen sind stressanfälliger und dadurch möglicherweise stärker als andere gefährdet, an einem Burnout zu erkranken. Indem du dir jedoch deiner Bedürfnisse bewusst bist und dich regelmäßig entspannst, kannst du diese Gefahr schon im Keim ersticken.

2.2 So kommst du wieder runter:

Erdungsstrategien

Wie du ja bereits weißt, beziehen feinsinnige Menschen sehr viel Energie aus der Ruhe. Sie schöpfen Kraft aus ihr und finden Regenerationsmöglichkeiten, um im manchmal sehr anstrengenden Alltag zu bestehen. Gerade im Arbeitsleben mit seinem steigendem Druck und der damit verbundenen Reizüberflutung ist es wichtig, sich regelmäßige Auszeiten zu schaffen. Das ist jedoch nicht immer so leicht, weshalb viele leise Menschen ständig unter Erschöpfung leiden.

Brigitte Schorr[144] verdeutlicht das an einem anschaulichen Beispiel. Nach ihrer Meinung birgt jeder Mensch *„ein Anspannungs- und ein Energiegefäß"*. Das Anspannungsgefäß bekommt täglich Nachschub zum Beispiel in Form von unterschiedlichsten Außenreizen. Gerade sehr sensible Menschen haben aber häufig Probleme damit, die Anspannung im gleichen Maße abfließen zu lassen, wie sie ankommt. Dadurch weitet sich das Anspannungsgefäß immer mehr aus. Doch was ist mit dem Energiegefäß – der Instanz, die der zunehmenden Anspannung etwas entgegensetzen soll? Das Energiegefäß leert sich immer weiter, wenn es nur sporadisch aufgefüllt wird. Sicherlich kannst du dir vorstellen, was passiert, wenn dein Anspannungsgefäß bis zum Bersten voll ist, während dein Energiegefäß sich im Gegenzug stetig leert. Richtig, du gerätst aus dem Gleichgewicht. Deshalb solltest du vorbeugen.

Georg Parlow, Begründer des Wiener Vereins „Zart besaitet", meint hierzu:[145]

„Für die Gestaltung angemessener Rahmenbedingungen müssen Sie sich selbst und ihr empfindsames Nervensystem gut kennen. Sie müssen wissen, wie Sie mit ihm in Stresssituationen zurechtkommen, auf welche Stressfaktoren Sie mehr und auf welche weniger reagieren, welches Stimulationsniveau über längere Zeiträume verkraftbar ist und wie Sie sich kurzfristig Erleichterung verschaffen können."

Auch er legt jedem feinsinnigen Menschen im modernen Berufsleben ein *„gesundes Maß an Selbstpflege"* nahe. Nur so ist es möglich, die eigenen Kräfte langfristig gewinnbringend einzusetzen, ohne dabei selbst unterzugehen. Das gelingt dir, indem du dich in schöner Regelmäßigkeit erdest.[146] Wenn du gut geerdet bist, befindest du dich im Hier und Jetzt und nicht in irgendwelchen gedanklichen Luftschlössern. Das könnte man mit einem Baum vergleichen, der fest im Boden verankert und durch nichts so leicht zu erschüttern ist. Du kennst bestimmt so einen Baum in deiner Umgebung. Hast du dieses Wunder der Natur schon einmal näher betrachtet? Hast du die Kerben in seiner Rinde bemerkt? Bist du mit der Hand über seine Blätter geglitten? Dann hast du bestimmt festgestellt, dass sich dieser Baum trotz aller Widrigkeiten Jahr für Jahr weiterentwickelt und mit seiner Strahlkraft die Menschen erfreut. Nimm dir diesen starken Baum als Vorbild! Wenn du bist wie er, d. h. fest verwurzelt und geerdet, spürst du dich in deiner Ganzheit und wirst erleben, dass du verschiedensten Außeneinflüssen trotz (oder gerade *mit*) deiner Empfindsamkeit durchaus etwas entgegensetzen kannst.

Du besinnst dich deiner Wurzeln und kommst durch sie immer wieder in deine Kraft.

Du „erdest“ dich also. Dies kannst du auf ganz verschiedene Arten tun.

Lies dir die nachfolgenden Vorschläge gut durch und spüre in dich hinein. Was spricht dich an? Was könntest du gut in deinen Alltag integrieren?

TANKE KRAFT IN DER MITTAGSPAUSE

Zunächst ein Vorschlag einer meiner Blogleserinnen. Sie hat für sich nach einigen Tiefpunkten eine sehr gute Möglichkeit gefunden, vom Jobgeschehen abzuschalten und in ihrer Mittagspause Kraft zu tanken. Sie schreibt:

„Liebe Nicole, ich habe herausgefunden, dass es mir hilft zu entspannen, wenn ich in der Mittagspause rausgehe. Ich schlendere dann im nahegelegenen Grünbereich herum. Das mache ich zu allen Jahreszeiten – egal, wie mies das Wetter draußen ist. Wenn ich draußen bin, atme ich tief ein und genieße die klare Luft. Manchmal lese ich auch, höre Musik oder stecke mir zusätzlich Stöpsel ins Ohr, um Ruhe zu finden. Früher war das anders. Da habe ich meine Pausen immer mit meinen Kollegen verbracht. Leider drehte sich da aber immer nur alles um die Arbeit und ich konnte einfach nicht runterkommen. Nach einer Stunde Ratschen war ich oft ausgelaugter als vor der Mittagspause – dementsprechend knickte ich nachmittags mit schöner Regelmäßigkeit ein.“

Die Mittagspause wenn möglich an der frischen Luft zu verbringen ist ein sehr guter Vorschlag. So schaffst du es, selbst in einem sehr verplanten Arbeitstag noch kleine Momente der Ruhe zu finden. Diese brauchst du – und zwar deutlich mehr als ein normalsensibler Mensch.

STELLE EINE BALANCE ZWISCHEN RUHE UND AKTIVITÄT HER

Um uns zu erden, ist es auch wichtig, die Balance zwischen Ruhe und Aktivität zu finden. Mir ist natürlich klar, dass wir genau diese Balance speziell im Job nicht immer genau steuern können. Vieles wird den ganzen Tag von außen an uns herangetragen: Das Telefon klingelt, der Chef schneit herein mit Dackelblick und den Worten *„Ach, können Sie mir nicht noch schnell …?“*, die Papiere in der Ablage stapeln sich, und dann klopft auch noch der Getränkelieferant mit 15 Getränkekästen, die *sofort* verstaut werden sollen. Ja, manchmal ist es einfach zu viel, und man würde am liebsten die Schotten dicht machen.

Trotzdem: Wenn du sehr empfindsam bist, brauchst du unbedingt Zeiten, in denen du dich von solchen Außenreizen distanzieren kannst. Brigitte Schorr[147] spricht sich deshalb für *„Mikropausen“* aus. Sie schlägt vor, diese einmal stündlich in unterschiedlichen Formen zu praktizieren. Und so kann eine Mikropause aussehen: Bewege dich, d. h., steh auf und streck dich und lass die Arme kreisen. Alternativ kannst du ein Glas Wasser, einen Tee oder Kaffee trinken – das kurbelt deinen Stoffwechsel an. Auch das Fenster zu kippen und frische Luft hereinzulassen verschafft dir wieder Energie. Was ich aus eigener Erfahrung zusätzlich empfehlen kann: Das (hoffentlich!) stille Örtchen aufsuchen oder für einen Moment die Augen schließen, durchatmen und mit kreisenden Bewegungen die Schläfen massieren. Im Hinblick auf terminliche Verpflichtungen ist es sinnvoll, diese nach Möglichkeit so zu planen, dass du immer wieder zeitliche Puffer dazwischen hast.[148] So kannst du zwischen den Terminen neue Kraft schöpfen. Das kann auch bedeuten, dich in Ruhe auf den Folgetermin vorzubereiten, damit dieser dich weniger stresst. Letzte Option: Überlege dir, welche Situationen oder Menschen dich besonders auslaugen. Plane nach diesen Begegnungen immer kurze Auszeiten mit ein.[149]

Manchmal hilft das alles nichts. Dann wirst du trotz guter Planung von deinem Arbeitsvolumen überrollt und weißt einfach nicht, wie du schnell wieder Ruhe finden kannst. Sandra Tissot empfiehlt auf hochsensiblepersonen.com[150] für Stresssituationen die „Mini-Atemübung". So geht sie: Halte einen Moment bewusst inne und konzentriere dich nur auf deine Atmung. Dann atme dreimal hintereinander ganz tief ein und aus. Bleibe so lange in dieser Position, bis du dich wieder ruhiger fühlst. Mache dir klar, dass auch dieser Arbeitstag vorübergehen wird. Sprich dir gut zu.

Nach der Mini-Atemübung stelle dich dem Chaos erneut.

An dieser Stelle ist es wirklich sinnvoll, Prioritäten zu setzen, d. h., erstelle eine To-do-Liste mit den Aufgaben, die unbedingt heute noch zu erledigen sind.[151] Die arbeitest du ab. Punkt für Punkt. Das bedeutet in der Praxis: immer erst einen Arbeitsgang abschließen, dann mit dem nächsten beginnen; nichts vermischen, kein Multitasking; alles andere, was nicht auf der To-do-Liste steht, kann getrost warten oder an andere delegiert werden. Noch etwas: Sieh zu, dass du bei deiner Arbeit zeitweise weder von Telefonen (wenn möglich auf andere umleiten) noch von eingehenden E-Mails (nur zu bestimmten Zeiten summiert abfragen und schreiben) gestört wirst. So kommst du sehr viel lockerer ans Ziel.

Was ebenfalls zur Erdung beiträgt: Nimm dir im Verlauf eines ganzen Jahres bewusst *arbeitsfreie Tage* und entspanne dich dann zu Hause wirklich.[152] Alles das, was du in deiner Freizeit als zusätzliche „Arbeit" empfindest (z. B. E-Mails checken, Vereinsaktivitäten), solltest du besser lassen. Beschränke dich also auf Tätigkeiten, die dir wirklich guttun und deine Seele beleben (z. B. ein Saunagang, bewusst Musik hören, ein schönes Frühstück zelebrieren).

SORGE FÜR ERHOLSAME AKTIVITÄTEN

Für Erholung kannst du auf vielerlei Arten sorgen – ganz besonders in deiner Freizeit. Das fängt schon damit an, dass du einen ganz klaren Cut zwischen *Arbeit* und *arbeitsfreier Zeit* machen solltest. Wechsle deine Kleidung, wenn du nach einem anstrengenden Tag nach Hause kommst, und gehe unter die Dusche. Das Wasser ist heilsam und wäscht *negative Energien und Eindrücke* von dir ab.[153] Öle dich anschließend mit einem angenehmen Duft ein und behandle deinen Körper behutsam. Positiver Nebeneffekt: Du kommst später gut in den Schlaf.

Viele empfindsame Menschen erden sich auch durch *körperliche* Betätigung, denn dadurch werden Stresshormone abgebaut.[154] Ich empfehle dir, drei Mal pro Woche 30 Minuten zu trainieren. Bitte lasse es jedoch keine Pflichtaufgabe sein, sondern habe *Freude* daran – nur so kannst du das Training dauerhaft in deinen Alltag integrieren. Übrigens: Wenn du einmal krank bist und keinen Sport treiben kannst, ist das völlig okay. Mache einfach weiter, wenn du dich wieder fit fühlst. Ich weiß nicht, ob du ein klassischer Sportfreak bist – mich auf jeden Fall könnte man nicht gerade so bezeichnen. Trotzdem bin ich oft draußen. Hin und wieder besteige ich einen Berg. Joggen, Walken, Tanzen oder Schwimmen sind ebenfalls gute Methoden, wenn du dich körperlich fordern möchtest. Rolf Sellin[155] hingegen empfiehlt Sportarten wie Yoga, Qigong und Tai-Chi, weil sie eine energetische Zentrierung ermöglichen. Manche meiner Leser haben übrigens auch sehr gute Erfahrungen mit Golfspielen gemacht.

Natürlich kannst du dich genauso auf eine *kreative* Art und Weise betätigen, um dich zu erden. Hast du schon einmal Kinder beim Spielen beobachtet? Dann ist dir ja sicher aufgefallen, dass sie im Spiel oft regelrecht versinken und dabei die ganze Welt um sich herum vergessen. Genau das sollte ab jetzt auch dein Ziel sein: dich auf eine Sache mit Herzblut zu konzentrieren und alles andere auszublenden. Viele feinsinnige Menschen können sich für künstlerische oder musikalische Hobbys begeistern,[156] dazu gehört zum Beispiel häkeln, malen oder ein Instrument spielen. Probiere ruhig eines nach dem anderen aus und sei neugierig. Dabei musst du gar nicht perfekt sein. Das große Ziel ist ein anderes: Finde etwas, das dein Herz höher schlagen lässt – etwas, worauf du dich freust und wobei du alles andere vergisst. Volkshochschulen bieten in allen Bereichen Schnupperkurse an, die dir Gelegenheit geben, ein neues kreatives Gebiet auszuprobieren. Betrachte das Ganze doch einfach als kleines Experiment – wenn dir etwas gefällt, bleibst du dran.

Du hast keine Zeit, regelmäßig einen Kurs zu machen oder dich künstlerisch zu betätigen? Dann probier es doch so wie Kristina, die sich auf eine ganz andere Art und Weise erdet:

„Ich habe herausgefunden, dass ich in ganz banalen Alltagsaktivitäten Entspannung finden kann. So liebe ich es beispielsweise, in meinem Garten herumzuwühlen und Blumenzwiebeln in die Erde zu stecken. Auch das Ordnen und Sortieren von Papieren bringt mich zur Ruhe. Wenn ich mit dem Auto von A nach B fahre, achte ich immer darauf, das mit meiner Lieblings-Swingmusik zu tun. Sogar das Bügeln empfinde ich nicht als Last, es gefällt mir, mit dem Eisen über die Wäsche zu gleiten und zu sehen, wie schön glatt alles danach ist."

LEBE AUSGEWOGEN

Ausgewogen leben bedeutet zunächst einmal regelmäßig, gesund und in Ruhe zu essen.[157] Verzichte, wenn möglich, auf Fertiggerichte und bereite das Essen besser frisch zu. Etwas vorsichtig solltest du auch mit deinem Koffein-, Alkohol- und Zuckerkonsum sein – sensible Menschen vertragen diese Genussmittel oft nicht so gut. Susann Marletta-Hart[158] warnt jedoch davor, konkrete Ernährungsempfehlungen zu geben. Da jeder Mensch unterschiedliche Vorlieben hat, spürt er normalerweise ganz genau, wann er welche Nahrungsmittel braucht, um sich wohlzufühlen. Hier gilt es, aufmerksam und geduldig zu sein und die Reaktionen des Körpers beachten. Frage dich besonders im Hinblick auf ungesunde Lebensmittel: Warum möchte ich dies oder das jetzt essen? Gibt es gesunde Alternativen dazu? Auf dieser Grundlage kann ein ausgewogener und vor allem individueller Ernährungsplan erstellt werden. Zusatztipp von mir: Trinke viel, am besten Wasser. Das hält deinen Organismus am Laufen.

Monika Richrath, Autorin von „EFT-Klopftechnik für Hochsensible: Wie Sie in nur 2–5 Minuten mehr Lebensfreude herbeiklopfen können" berichtet auf hochsensiblepersonen.com,[159] dass es darüber hinaus sinnvoll ist, den eigenen Schlaf im Blick zu haben. Im Schlaf regeneriert sich dein Körper und fährt seinen Stresspegel herunter. Das ist elementar, um für die Herausforderungen des neuen Tages optimal gerüstet zu sein. Deshalb achte immer darauf, dass du genügend Schlaf bekommst. Sieben bis acht Stunden pro Nacht sollten es schon sein.

Wichtig ist: Bei allem, was du tust oder isst, solltest du auf deinen Körper hören.[160] Er ist ein sehr guter Ratgeber und teilt dir mit, wenn etwas nicht stimmt. Das bedeutet ein gewisses Maß an Selbstreflexion, was für introvertierte Menschen aber kein Problem sein dürfte. Frage dich deswegen regelmäßig: Wie fühle *ich* mich? Tut *mir* das gut oder nicht? Was brauche *ich*?

KOMME IN DIE GEGENWART

In den letzten Jahren habe ich festgestellt, dass ich (nicht nur) im gestressten Zustand enorm davon profitiere, im Wald spazieren zu gehen und mich auf die Umgebung oder auf meine Fußsohlen zu konzentrieren. Dadurch komme ich ins Hier und Jetzt, kann wieder durchatmen und höre auf zu grübeln. Alternative: Ich betrachte zum Beispiel intensiv einen Käfer, der am Erdboden krabbelt. Meistens steigen wir Menschen über diese kleinen Tiere hinweg – ohne sie überhaupt zu bemerken. Ob du dich nun auf deine Fußsohlen oder Tiere des Waldes konzentrierst, in einer Supermarktschlange stehst und dabei die Augen schließt oder drei Mal tief durchatmest, ist völlig egal – wichtig ist nur, dass du bewusst in die Gegenwart kommst und das, was gerade ist, wertfrei beobachtest.[161] Wenn du das schaffst, praktizierst du *Achtsamkeit.* Dieses bewusste Verweilen in der Gegenwart kann dein empfindsames Wesen insgesamt ausgeglichener machen, d. h., du fühlst dich nicht mehr so gehetzt und erledigst das, was zu tun ist, Schritt für Schritt. Gerade du als introvertierter Mensch besitzt hierfür die optimalen Voraussetzungen, weil du sowieso schon ein reiches Innenleben und einen scharfen Blick fürs Detail hast. Eine einfache Frage kann dich übrigens schnell in die Gegenwart bringen.[162] Sie lautet: Was sehe (rieche, höre, fühle, spüre, schmecke) ich jetzt? Probiere es aus. Der Effekt ist Balsam für deinen empfindsamen Organismus.

FINDE HERAUS, WAS *DICH* ENTSPANNT

Manchmal reicht es schon, von einem Freund umarmt zu werden, einer angenehmen Melodie zu lauschen oder in einer Badewanne voller Schaumblasen zu versinken, um uns zu erden. Vielleicht ist es ein bestimmter Film, der dich in eine schöne Zeit zurückversetzt, oder ein Gedicht, das dich berührt. Liebst du es, dich abends mit Rosenöl einzucremen oder Tagebuch zu schreiben und dabei das Vergangene Revue passieren zu lassen? Verschlingst du ein gutes Buch oder hörst liebend gerne Hörspiele? Ziehst du dich gerne an einen angenehmen Ort zurück, um Entspannung zu erfahren? Ulrike Hensel[163] rät hochsensiblen Menschen dringend dazu, zu jeder Zeit gut für sich zu sorgen. Die große Aufgabe ist, festzustellen, was *deine* Nerven entspannt und *deinen* Akku neu lädt. Finde es heraus und gönne dir diese erholsamen Seelenzeiten täglich, baue sie in deinen Alltag ein. Sie schützen dich vor Reizüberflutung.

Regelmäßiges Erden wirkt Alltagsbelastungen sehr gut entgegen. Eigne dir also Techniken an, die dir schnell wieder Energie bringen. Auch hier gilt wie so häufig: Vorsorge ist besser als Nachsorge …!

2.3 Fremde Emotionen fernhalten:

Abgrenzung von Mobbern & Co.

Abgrenzung – ein heikles Thema für zurückhaltende Menschen, oft ein Leben lang. Leider muss ich dich schon zu Beginn dieses Kapitels enttäuschen, denn ich behaupte frech: Ohne eine gesunde Abgrenzung kommst du in deinem Leben nicht weit – zumindest nicht ohne gesundheitliche oder seelische Einbußen. Trotzdem gilt: Abgrenzung kann nur funktionieren, wenn du überhaupt weißt, dass du dich abgrenzen musst. Vielen Feinfühligen ist dies aber überhaupt nicht bewusst und sie erfahren in ihrem Berufsleben deshalb immer wieder Phasen von Über- und Unterforderung. Dies kann dir schnell zum Verhängnis werden:

1. Du verlierst dich.
2. Du kommst aus deiner Mitte.
3. Du bist mehr in der Außenwelt als in dir.

Dass dies auf ganz unterschiedlichen Ebenen geschehen kann, wirst du gleich besser verstehen. Zur Verdeutlichung ein paar typische Momente aus dem Berufsleben emotional verletzlicher Personen:

Beispiel 1
Eine Kollegin sitzt weinend vor dir und klagt, dass ihr alles zu viel ist. Du legst den Arm um sie und tröstest sie. Plötzlich spürst du, wie dir selbst die Tränen

in die Augen schießen, und fühlst dich mutlos. Das irritiert dich, denn gerade noch warst du in guter Stimmung und freutest dich schon auf den abendlichen Kinobesuch mit Freunden.

Beispiel 2

Dein Vorgesetzter knallt Akte 1237 auf deinen Tisch und will, dass du heute noch einen umfangreichen Schriftsatz fertig bringst. Daneben sollst du für deine überlastete Kollegin aus der Personalabteilung noch zwei Stellenausschreibungen formulieren, ein Beratungsgespräch führen und dich um die Hotelbuchungen für die Tagung nächste Woche kümmern. Ein Blick auf die Uhr sagt dir: Nur noch zwei Stunden bis zum Feierabend – viel zu wenig Zeit. Das bedeutet Überstunden, wie fast jeden Tag seit einem Jahr. Plötzlich spürst du, wie Wut dich überkommt und sich deine Hände zu Fäusten ballen. Du springst auf und beschimpfest deinen ahnungslosen Chef: „Ach, Thomas, weißt du was? Mir reicht's! Mach das doch alleine!" Dann packst du deine Jacke, stürmst aus dem Büro und lässt alles stehen und liegen. Zu Hause hast du ein furchtbar schlechtes Gewissen. Du denkst: Mein Gott, was war nur mit mir los? Ich bin doch sonst nicht so!

Beispiel 3

Schon seit längerem fällt dir auf, dass Sven (ein von sich selbst überzeugter und ziemlich vorlauter Kollege) dir gegenüber seltsam ist. Begegnet ihr euch auf dem Gang, wendet er den Blick ab. Auch hast du das Gefühl, er lästert im Team über dich. Schwierig, da ihr beide für das Qualitätsmanagement zuständig seid und eigentlich zusammenarbeiten solltet. In einem gemeinsamen Gespräch mit dem Chef hast du für eine Abteilung konkrete Arbeitsabläufe ausgearbeitet und möchtest sie präsentieren. Sven hingegen hat nichts dabei, selbstzufrieden thront er auf dem Stuhl und wirkt fast gelangweilt. Gerade als du beginnst, deinen Vorschlag zu erörtern, unterbricht er dich mit: „Ist ja alles schön und gut, aber meine Kollegin hat etwas Entscheidendes vergessen …“ und rattert aus dem Stehgreif seine Argumentationskette herunter. Darin enthalten sind für den Ablauf wichtige Informationen, die er dir verschwiegen hat. Das bringt dich total aus dem Konzept – und die Präsentation ist gelaufen.

Schauen wir uns die Beispiele etwas näher an. Im ersten Fall ist es so, dass die Emotionen deiner traurigen Kollegin möglicherweise auf dich überschwappten, d. h., *du* fühltest plötzlich das, was *sie* fühlte – obwohl du dich 5 Minuten vorher noch total auf deinen Kinoabend gefreut hast. Seltsam, nicht? Aber eigentlich gar nicht so ungewöhnlich für uns Zartbesaitete. Das Phänomen hat nämlich zwei spannende Hintergründe: Zum einen tritt es auf, weil du dich als introvertierter Mensch sowieso schon gut in andere hineinversetzen kannst.[164] Kommen dazu noch hochsensible Tendenzen, sind deine *Spiegelneuronen* (also die Nervenzellen im Gehirn, die dir die Gefühle und Stimmungen anderer vermitteln) aktiver. Das heißt, du bist deutlich empathischer als Normalsensible und freust dich mehr mit deinem Gegenüber mit. Die Kehrseite der Medaille:[165] Du leidest auch mehr, weil du das Gefühl hast, *selbst betroffen zu sein.* Natürlich bedeutet das nicht, dass nur introvertierte Hochsensible Spiegelneuronen besitzen. Nein, jeder Mensch trägt sie in sich, sie gehören zum körpereigenen System und machen uns zu mitfühlenden Wesen.[166]

Dieses Phänomen ist dir vielleicht vom Gähnen bekannt. Sicherlich hast auch du schon einmal gähnen müssen, nachdem du einem anderen Menschen dabei zugeschaut hast. Dafür waren deine Spiegelneuronen ausschlaggebend, d. h., du hattest unbewusst das Gefühl, selbst müde zu sein. Übertragen auf unser Beispiel wirst du dich als empfindsamer Mensch deswegen wahrscheinlich nicht unbedingt blendend fühlen, wenn du einer völlig zerstörten Person gegenübersitzt. Nimmst du diese aber in den Arm oder baust sie mit Worten auf, geht es ihr meistens besser.[167] Das Ungewöhnliche daran: Auch du fühlst dich plötzlich besser – und zwar, weil die *andere Person* sich besser fühlt. Der Grund: Deine Spiegelneuronen treten in Aktion, und zwar reichlich! Damit hast du zwar immer noch hauptsächlich deinem Gegenüber geholfen, aber indirekt ein Stück weit auch dir selbst. Cooler Schachzug der Natur, findest du nicht? Blöd nur, dass dich das manchmal auch ganz schön runterziehen kann.

Kommen wir zu unserem zweiten Beispiel. Du erinnerst dich sicher daran, dass du im Büro beinahe alles kurz und klein geschlagen hättest. Der Grund hierfür könnte folgender sein: Du warst von der Vielzahl der Aufgaben überfordert, und das nicht erst seit gestern. Die Vermutung liegt nahe, dass du bereits seit längerem immer wieder aufs Neue zugelassen hast, dass zu viele Anforderungen an dich gestellt werden. Überstunden, eine Fülle an Reizen und Arbeitsaufgaben, keine Wertschätzung von Seiten des Arbeitgebers –

dies ist Alltag in vielen Jobs und kann irgendwann zum Problem werden.[168] Feinfühlige, deren Grenzen zu sehr überschritten wurden, zeigen dann häufig folgendes Verhalten: Sie gehen in die Luft. Anschließend können sie kaum glauben, dass sie derart entgegen ihrer eigentlichen Natur gehandelt haben. Oder sie schlucken ihren Groll hinunter und fühlen sich von ihrem Vorgesetzten verraten. Dann machen sie vielleicht irgendwann die Schotten komplett dicht und schreiben ihren Chef gnadenlos ab – manchmal sogar für immer.

Der dritte Fall. Hier hattest du mit einem mobbenden Narzissten zu tun.[169] Da sich zurückhaltende Menschen bei einer Präsentation nicht in den Vordergrund drängen, hatte dein Kollege mit seinem überlauten Vorschlag natürlich leichtes Spiel und konnte dich problemlos unterbuttern. Natürlich wird dich so ein Verhalten nicht kalt lassen, trotzdem hast du des lieben Friedens Willens nichts gesagt und stattdessen deinen Ärger hinuntergeschluckt. Damit geschah genau das, was sich der Narzisst von vorneherein erhofft hat: *Er* hat sich profiliert und dich auflaufen lassen. Wenn das immer wieder geschieht, kann sich das ziemlich negativ auf dein Selbstwertgefühl auswirken.

Der Casus knacksus der drei Beispiele ist:

In allen Fällen wurden deine ganz persönlichen Grenzen überschritten.

Das heißt, du warst Situationen, Emotionen oder Personen ausgesetzt, die *nicht* gut für dich waren.[170] Die Folge: Wenn du hierbei nicht aufpasst, kann dich das total auslaugen und dir jegliche Energie entziehen. Deshalb solltest du dich, so gut es geht, davor schützen. Die wichtigsten Maßnahmen beschreibe ich im Weiteren.

GRENZE DICH GEGEN ÜBERSCHWAPPENDE EMOTIONEN AB

Du hast jemanden vor dir, der leidet wie ein Tier, und selbstverständlich leidest du mit? Du tröstest ihn, baust ihn auf, redest auf den anderen ein, verbringst Stunden mit ihm, nur damit *er* sich besser fühlt? Am Ende bist du völlig geschlaucht, während der andere fröhlich pfeifend den Raum verlässt? Wenn dir das des Öfteren passiert, hast du dich bei den Emotionen deines Gegenübers „angesteckt“, d. h., du empfindest nicht mehr deine eigenen Gefühle, sondern die des *anderen.* Besonders in Berufen, in denen Feinfühlige viel mit Menschen zu tun haben, geschieht das häufig. Das Problem: Mit*fühlen* wird mit Mit*leiden* verwechselt. Damit hilft ein empathischer Mensch leider aber weder sich selbst noch dem anderen.[171] Hier ist es dringend notwendig, Rituale zu entwickeln, um sich im Umgang mit dem Gegenüber nicht zu verlieren und trotzdem helfen zu können.

Zum Beispiel ist es sinnvoll, *auf deinen Körper und deine Empfindungen zu hören.* Ich vermute, du hast bereits jetzt schon einen sehr guten inneren Radar, der dir zeigt, ab wann dich ein Kontakt zu einem anderen Menschen emotional zu sehr mitnimmt.[172] Es ist dein Körper, der dir in solchen Situationen als Grenzwächter dienen kann, selbst wenn du das bislang vielleicht noch gar nicht so wahrgenommen hast. Ein paar Beispiele: Fängst du plötzlich an, dich unwohl zu fühlen, zu gähnen oder zu niesen, bekommst Kopfschmerzen, Muskelverspannungen oder Ohrgeräusche, musst vermehrt die Toilette aufsuchen oder bist vom Hunger getrieben usw., versucht dein Körper vielleicht gerade, sich aktiv aus einer belastenden Situation zu befreien. In solchen Fällen zeigt er dir ganz deutlich, dass es ihm zu viel ist. Ich weiß nicht, an welchem Punkt bei dir die individuelle Grenze erreicht ist und wie sich dies genau äußert. Du kannst es jedoch herausfinden, indem du dich in einer belastenden Situation das nächste Mal verstärkt selbst beobachtest. Wie reagiert dein Körper im Gespräch mit einer hilfesuchenden Person? Welche Empfindungen stellst du an dir fest? Wann tut es dir nicht mehr gut und woran merkst du das? Indem du hier noch feinfühliger wirst, kannst du deine persönliche Wohlfühlgrenze herausfinden und rechtzeitig gegensteuern, wenn du mit den Emotionen eines anderen überlastet bist.

Wie spürst du, dass dir etwas oder jemand zu viel wird? Wie äußert sich dein Körper? Was denkst oder fühlst du? Das sind die Warnzeichen, die dir zeigen, dass eine gesunde Abgrenzung nötig ist.

Ulrike Hensel empfiehlt, sich ernsthaft Gedanken darüber zu machen, was du für dein Gegenüber tun kannst, ohne deine persönlichen Grenzen zu überschreiten.[173] Eine Option: Überlege, ob bzw. wann deine Zuständigkeit endet und ob du gegebenenfalls die Hilfe von Vorgesetzten oder Arbeitskollegen in Anspruch nehmen kannst.

BEGRENZE DIE DAUER DES KONTAKTES

Bevor es soweit kommt, dass dein Körper negativ reagiert, tust du gut daran, den Kontakt zu emotional fordernden Personen von Vorneherein auf eine gewisse Zeitdauer zu beschränken – natürlich nur, sofern das in der jeweiligen Situation für dich machbar ist.[174] Setze dir am besten ein zeitliches Limit und teile dies dem anderen in freundlicher Art mit. Beispiel: *„Ich bin jetzt voll und ganz für dich da, unsere Zeit ist jedoch auf … Minuten* (hier die Zeit einsetzen, die sich für dich gut anfühlt) begrenzt, weil ich danach noch einen Termin habe." Wenn jemand dich ständig als emotionalen Mülleimer missbraucht, mache bitte deutlich, dass du nicht für jedes Problem Ansprechpartner bist und lehne das Gespräch freundlich, aber bestimmt ab.[175] Vielleicht mit diesen Worten: *„Du, es ist leider gerade sehr ungünstig. Ich habe noch zu tun."* Danach nimm den Telefonhörer in die Hand und drehe dich von deinem Gegenüber weg. In einem solchen Fall darfst du übrigens auch ruhig mal flunkern, es geht schließlich um dein Wohlbefinden. Kleiner Extratipp von mir: Sollte es sich um Personen handeln, mit denen du beruflich nicht zwingend zu tun haben musst, empfiehlt es sich, bei Bedarf den Kontakt dauerhaft abzubrechen. Das mag zwar hart klingen, wird dein Leben aber auf Dauer erleichtern.

ZENTRIERE DICH

Wie dir ja schon bekannt ist, kann es passieren, dass du im Kontakt mit einem anderen Menschen plötzlich unbewusst dessen körperliche Empfindungen, Gedanken oder Gefühle übernimmst. Damit das nicht passiert, ist es wichtig, dass du deine Aufmerksamkeit nicht nur auf den anderen, sondern genauso immer wieder auf dich richtest, d. h., du *zentrierst dich*. Rolf Sellin empfiehlt, sich selbst zu reflektieren, also zu hinterfragen:[176] Ist das überhaupt *mein* Gefühl (oder das des anderen)? Und, falls es das nicht ist: Was fühle, denke, empfinde *ich* in diesem Moment? So richtest du den Fokus auf dich und gleitest nicht unbewusst energetisch zum anderen hinüber.

SAGE NEIN

Kommen wir zurück zum zweiten Fall, in dem es darum ging, dass du nach einer Phase der längeren Überlastung für dich ganz untypisch reagiert hast. Das ist dir passiert, weil du es zugelassen hast, dass das für dich machbare Pensum dauerhaft überschritten wurde. Spätestens ab diesem Zeitpunkt dürfte dir (und wahrscheinlich auch deinem Chef) klar sein, dass es so nicht weitergehen kann. Der schnellste (zugegeben nicht immer unbedingt leichteste!) Weg da raus: Nein sagen.

Nein sagen und Bitten ablehnen fällt vielen leisen Menschen schwer, schließlich könnte es ja unangenehme Folgen haben. Du könntest zum Beispiel deine Mitmenschen enttäuschen, nicht mehr gemocht werden, deine Arbeit verlieren, mit Streit, Konflikten und Unstimmigkeiten konfrontiert sein und noch vieles mehr. Woher kommt das? Martin Wehrle nennt diesen für Sensible oft typischen Vorgang ironisch die *„Kellner-Falle“*.[177] Wenn du in der *„Kellner-Falle“* steckst, machst du es dir zur Lebensaufgabe, die Wünsche und Bedürfnisse deiner Mitmenschen zu erspüren und zu bedienen. Dein heimlicher Antreiber: eine schwache Selbstakzeptanz. Der Ursprung hierfür findet sich häufig in der Kindheit, in der dir deine Eltern vermittelten, unzulänglich zu sein, wenn du ihre Wünsche nicht erfüllt hast oder ungehorsam warst. Was sich dann irgendwann einbrennt und dich von diesem Zeitpunkt an begleitet, ist meist das Gefühl, ein „schlechter Mensch“ zu sein, wenn du nicht tust, was andere von dir verlangen. Das kann dazu führen, dass du deine (wichtigen und absolut gerechtfertigten!) Bedürfnisse verleugnest, nur um gut Wetter zu machen. Damit aber tust du dir keinen Gefallen. Stattdessen birgt es die Gefahr, dass du ein Leben führst, das du so gar nicht führen willst.

Im Hinblick auf unser Beispiel bedeutet das, dass du vielleicht über eine längere Zeit immer die Wünsche deines Chefs erfüllt und kein einziges Mal Nein gesagt oder einen alternativen Arbeitsvorschlag gemacht hast. Schließlich summierten sich die Anforderungen, und es wurde dir irgendwann zu viel. Alles durchaus verständlich, schließlich ist der Mensch nicht dazu geboren, in Einsamkeit zu versinken, sondern sucht lieber die Gesellschaft und Anerkennung anderer. Das gelingt am besten, wenn man in der Herde mitläuft und möglichst nicht auffällt. Wer von uns will denn schon das schwarze Schäflein sein, das 5 Kilometer weit weg seinen Grasbüschel alleine in sich hineinmampft? Manchmal aber ist es tatsächlich vorteilhafter, ein schwarzes Schaf zu sein als ein harmoniebedürftiger Jasager. Der Grund: Du bewahrst dir deine Selbstachtung, erkennst dich und deine Bedürfnisse an und praktizierst ein gesundes Maß an Selbstliebe.

Vielleicht mag dich das ja überraschen, aber in Wirklichkeit bist du schon geübt darin, Nein zu sagen. Nehmen wir es ganz genau, tust du es sogar ständig – nur zu der falschen Person: dir selbst. Jedes Mal, wenn du etwas tust, was du in deinem tiefsten Inneren nicht willst, sagst du Nein – und zwar zu dir. Natürlich weiß ich, dass es – besonders im Berufsleben – nicht immer möglich ist, pauschal Nein zu sagen und sein Ding durchzuziehen. Ich möchte dich jedoch ermutigen, es öfter als bislang zu versuchen. Dann bekommst du sicherlich nicht mehr so leicht einen Wutanfall. Stattdessen bleibst du mehr im Gleichgewicht.

NIMM DIR ZEIT ZUM NACHDENKEN

Dieser sehr, sehr guter Tipp von Selbstbehauptungsexpertin Irene Becker[178] räumt dir ein Stück Freiraum ein und bewahrt dich vor unbedachten, nicht gewollten Ja-Äußerungen. Auch ich habe immer schon sehr gute Erfahrungen damit gemacht, nicht sofort nach einer geäußerten Bitte zu antworten, sondern mir – sofern möglich – eine Bedenkzeit herauszunehmen. Wenn du dir diese Zeit nimmst, hast du die Möglichkeit, in Ruhe zu hinterfragen, was *du* willst bzw. ob du derzeit überhaupt die Kraft hast, dem anderen zu geben, was er sich wünscht. Formulieren kannst du die Bitte nach einer Bedenkzeit beispielsweise so:

„Du, ich möchte mir das gerne bis morgen überlegen. Dann gebe ich dir Bescheid.“

Wenn du von Anfang an bei dem Gedanken an die Bitte ein ungutes Gefühl hast, rate ich dir, diesem Gefühl zu trauen und die Bitte (auch, wenn es dir schwerfällt!) abzulehnen – dein Selbstwertgefühl wird es dir danken. Mache dir in diesem Fall klar, dass du der Bitte nicht nachkommen möchtest und teile dies dem Bittenden in einer kurzen Erklärung mit. Dann kippst du nicht so leicht um, sollte der andere dein Nein nicht akzeptieren und dich doch noch überreden wollen.

SETZE PRIORITÄTEN

Im Job kann es dir natürlich wie in Beispiel 2 immer wieder passieren, dass dein Vorgesetzter vor dir steht und dir eine Aufgabe nach der anderen vorlegt, unbestritten ist das ja sein gutes Recht. Doch auch hier hast du die Möglichkeit, einer Überforderung Einhalt zu gebieten, indem du deinem Chef die Folgen einer weiteren Aufgabenübernahme deutlich machst – so macht es auch eine meiner Blogleserinnen:

„Bei uns im Betrieb ist es ziemlich hektisch und häufig fallen viele Arbeiten gleichzeitig an. Natürlich erledige ich so gut ich kann eines nach dem anderen. Wenn es aber zu viel wird und immer mehr nachkommt, mache ich meinem Chef deutlich, dass ich das zwar gerne abarbeite, dafür aber leider etwas anderes liegenbleibt. Dann überlasse ich ihm die Entscheidung, was an diesem Tag noch erledigt werden soll, und schaffe mir Freiraum. Bis jetzt fahre ich damit recht gut."

Dies ist ein wohlbedachtes, ressourcenorientiertes Vorgehen. Wenn du es ebenfalls so handhaben möchtest, könntest du deinem Chef in einer solchen Situation zum Beispiel Folgendes mitteilen:

„Wenn ich diese Aufgabe heute noch übernehmen muss, werde ich die andere leider nicht schaffen. Welche muss dringender erledigt werden?"

Damit zeigst du, dass du gewillt bist, der Bitte nachzukommen, ohne dich ausnutzen oder gar verheizen zu lassen.

FORMULIERE DEIN NEIN ANGEMESSEN

Grundsätzlich: Wenn du ein Nein formulierst, ist es immer vorteilhaft, freundlich und selbstsicher zu sprechen und bei deiner Entscheidung zu bleiben.[179] In diesem Fall weiß der andere, woran er ist, und kann deinen Entschluss vielleicht besser akzeptieren. Denke nur daran, wie oft Kollegen zu dir kommen und dich bitten wollen, eine Aufgabe für sie zu übernehmen, obwohl du selbst schon in Arbeit versinkst. Dem kannst du dich aber, wenn du möchtest, nett, aber bestimmt auf unterschiedliche Art entziehen.[180] Das tust du, indem du ...

- Verständnis zeigst: *„Dass du so im Stress bist, tut mir leid, aber heute bin ich um fünf verabredet und darauf habe ich mich schon sehr gefreut."*
- dein Nein eventuell begründest: *„Ich finde es schön, dass du bei diesem Aufgabengebiet an mich gedacht hast. Hierzu habe ich aber zu wenig Erfahrung und würde dir wahrscheinlich eher schaden als nützen."*
- Alternativen aufzeigst (aber bitte nur, wenn du das auch wirklich möchtest!): *„Leider kann ich dir die Präsentation heute nicht erstellen, aber ich gebe dir gerne meine Unterlagen zu diesem Thema."*

Wenn es dir schwerfällt, ein Nein zu formulieren, wird es dir wahrscheinlich nicht von heute auf morgen in den Schoß fallen. Doch keine Sorge – das ist eine Fähigkeit, die sich jeder in kleinen Schritten antrainieren kann.[181] Fange da an, wo es sich am leichtesten anfühlt, z. B. in einer Diskussion unter Freunden, beim Umtausch in einem Geschäft oder am Telefon, wo du ein Verkaufsgespräch ablehnst. Du wirst sehen – je mehr du übst, desto leichter geht es.

Das alles muss nicht heißen, dass du jetzt pauschal alle Bitten, die an dich herangetragen werden, ablehnen sollst. Jedoch wäge immer wieder aufs Neue ab, was zu diesem Zeitpunkt wichtiger ist: Deine Bedürfnisse oder die des anderen? Es gilt, insgesamt ein ausgewogenes Verhältnis herzustellen – nur so bist du vor einer Überlastung durch Arbeitsaufgaben geschützt.

NIMM DIR DEINEN RAUM

Widmen wir uns nun einer ganz besonderen Spezies, welche im Berufsleben nicht selten verbreitet ist: dem Narzissten. Genauer gesagt: dem mobbenden Narzissten. Wenn du mit ihm zu tun hast, könnte es sein, dass du dich oft „kleiner" machst als er, dich abwertest oder sogar ängstlich bist, so beschreibt es Psychotherapeutin Dr. Bärbel Wardetzki.[182] Kein Wunder, denn ein Narzisst steht gerne im Mittelpunkt und liebt es, bewundert zu werden. Dabei sind ihm die Befindlichkeiten seiner Mitmenschen oft egal.

Sven aus Beispiel 3, der dir Informationen bewusst verheimlicht hat und dir so rücksichtslos über den Mund gefahren ist, ist ein typischer Narzisst. Ihm sind deine Vorschläge egal, stattdessen zählt nur *er*. Ungünstigerweise übt er auch auf deine Kollegen und den Chef eine starke Faszination aus – so dass du schwuppdiwupp ins Abseits gerätst und erst einmal damit beschäftigt bist, deine Wunden zu lecken. Natürlich ist nicht jeder Mobber zugleich Narzisst, Mobbing kann unterschiedlichste Ursachen haben. Narzissmusexperte und Coach Sven Grüttefien nennt auf umgang-mit-narzissten.de[183] ein paar Beispiele: Konkurrenzkampf, Eifersucht, Ablehnung gegenüber bestimmten Personen, fehlende Kommunikation, schlechte Betriebsführung usw. Stille Menschen haben nicht selten das Problem, alleine aufgrund ihrer ruhigen Art angefeindet oder ausgegrenzt zu werden.[184] Das kann z. B. passieren, weil sie häufig eben *nicht* den Drang haben, andere vollzuquatschen, und sich von Gemeinschaftsaktivitäten eher zurückziehen. So gelten sie in Raucherpausen oder beim gemeinsamen Feierabendbier manchmal eher als „Sonderlinge", weil sie nicht teilnehmen. Selbsterklärend, dass das einen wunderbaren Nährboden für mobbende Zeitgenossen bietet. Solche Erfahrungen sind für jeden Menschen bitter und kratzen am Selbstwertgefühl.

Dies ist der gesündeste Ratschlag, den ich dir hier geben kann:

Lass dich von mobbenden Narzissten *nicht* unterkriegen!

Doch wie schaffst du das? Zunächst einmal, indem du dir vor Augen führst, welche Fähigkeiten bzw. Kompetenzen du besitzt, und dafür eintrittst – das rät Silvia Christine Strauch, Autorin von „Meine Hochsensibilität positiv gelebt: Persönliche Einsichten aus einem langen, bewegten Leben".[185] Du bist nicht schlechter als dieser Mensch, der sich in den Vordergrund drängt. Du stehst auf gleicher Ebene – nur fühlt es sich für dich in diesem Moment nicht danach an. Das Schlechteste ist es, sich in solchen Situationen wie der Präsentation zurückdrängen zu lassen und zu einem Mäuschen zu mutieren. Damit machst du dich nur unnötig klein und verstärkst die Rolle des Narzissten. Sei also wagemutig, ergreife ebenfalls das Wort und bringe deine Argumentation vor. Sieh es als Lernaufgabe, dich gerade in solchen Situationen im Umgang mit Narzissten zu behaupten. Dazu musst du wissen: Narzissten sind generell schwierige Menschen, die im Innersten eigentlich sehr unsicher sind. Dieses mangelnde Selbstwertgefühl versuchen sie zu kompensieren, indem sie vermeintlich Schwächere kleinmachen. Meine Meinung hierzu: Ich glaube nicht, dass ein solcher Mensch wirklich glücklich ist. Und wer selbst nicht glücklich ist, kann das auch nicht auf andere projizieren.

Was kannst du noch tun, wenn du gemobbt wirst? Zunächst solltest du generell darauf achten, dich nicht komplett aus dem Betriebsgeschehen auszuklinken, und soweit es geht, Kontakte zu pflegen.[186] Das kann der freundliche Gruß auf dem Gang sein oder ein gemeinsamer Morgenkaffee in der Kantine. So machst du deutlich, dass deine Kollegen dir nicht egal sind, und beugst einer etwaigen Ausgrenzung vor. Ist das Mobben schon im Gange, ist es ratsam, dem Mobber Paroli zu bieten, z. B. indem du ihn direkt auf das Gesagte ansprichst und ihn fragst, was seine Gründe dafür sind.[187] Ich weiß, das ist nicht leicht, und wahrscheinlich wird dir dabei das Herz wie vielen feinfühligen Menschen bis zum Hals schlagen. Trotzdem möchte ich dich gerne dazu ermutigen, denn du wirst feststellen, dass du dich danach unwahrscheinlich befreit fühlst. Dies ist der Fall, weil du für dich eingetreten bist und dich in einer schwierigen Situation erfolgreich behauptet hast. Alleine das verdient schon einen Orden und wird dich für die Zukunft stärken. Was du darüber hinaus noch tun kannst: Hole dir Kollegen mit ins Boot und bitte sie, dem Mobber in deiner Abwesenheit zu widersprechen. Zudem kannst du dich z. B. mit deinem Chef zusammensetzen und gemeinsam mit ihm nach Lösungsmöglichkeiten (z. B. Supervision, Abteilungswechsel) suchen.[188] Hilft das alles nichts, kann ich dir bei anhaltenden Konflikten leider nur raten, die Reißleine zu ziehen. Auf Dauer wirst du in so einer belastenden Arbeitsatmosphäre nämlich nicht mehr gut arbeiten können.

So, du hast jetzt erfahren, wie du dich in nicht ganz einfachen Jobsituationen auf unterschiedliche Art abgrenzen kannst. Jede dieser Situationen ist eine besondere Herausforderung, eine Lernerfahrung, zu dir und deinen Grenzen zu stehen. Erspüre, wo deine persönlichen Grenzen liegen und halte dich – wenn möglich – daran. Klar darfst (und wirst!) du auch mal über sie hinaus gehen oder dich ganz zurückziehen, aber das sollte wirklich nur die Ausnahme bleiben. Das Ziel ist, insgesamt eine gesunde Balance zu finden. Natürlich ist es sinnvoll, immer wieder auszuloten, ob sich deine Grenzen im Laufe der Zeit vielleicht verändert haben. Der beste Indikator hierfür ist immer dein Körper. Ist er gesund, fühlst du dich wie ein kräftiger Baum im Leben verankert. Leidest du an körperlichen oder psychischen Einschränkungen, gibt es an irgendeiner Stelle Handlungsbedarf. Dann ist es deine Aufgabe, für eine bessere Verwurzelung zu sorgen.

Der Königsweg ist: Höre auf deinen Körper und deine Intuition. Bleibe dir treu, formuliere falls nötig ein Nein und grenze dich in überfordernden Belastungssituationen ab. Merke dir: Du musst niemandem gefallen – außer dir selbst.

2.4 Keine Entwicklung ohne Konflikte:

Erfolgreich kommunizieren

Auch wenn du nicht gemobbt wirst, gibt es Situationen im Berufsleben, die du offen ansprechen und klären musst. Du spürst regelrecht, dass du ohne ein Gespräch nicht weiterkommst. Es ist dann so, als würde eine große graue Wolke über dir und einer anderen Person hängen und euch überall hin verfolgen. Um diese Wolke aufzulösen, sollte sich einer von euch ein Herz fassen und aktiv werden. Gerade Hochsensible und Normalsensible geraten (nicht nur im Berufsleben) immer wieder aneinander.[189] Ein und dieselben Situation wird dann aus ganz verschiedenen Blickwinkeln gesehen – und das kann einen respektvollen Umgang miteinander oft ganz schön erschweren. Ein paar typische Aussagen verdeutlichen, was ich meine:

Ein Normalsensibler über einen Hochsensiblen:
„Mein Gott, der Klaus ist aber auch so was von empfindlich! Nichts darf man sagen, was nicht sofort auf die Goldwaage gelegt wird. Ständig macht er sich über alles und jeden Gedanken und will jedem gerecht werden. Ein lockeres Witzchen machen ist auch nicht so sein Ding. Er ist schon eine ziemliche Spaßbremse."

Ein Hochsensibler über einen Normalsensiblen:
„Peter ist die Reinform eines emotionalen Klotzes. Wie ein Dampfhammer haut er einen Spruch nach dem anderen raus, ohne dabei darauf zu achten, ob er einen anderen damit viel-

leicht verletzt. Das belastet mich sehr. Ich würde mir wünschen, dass er einmal nachdenkt, bevor er spricht."

Wie kommt das? Wieso empfindet Klaus die Bemerkungen von Peter als völlig untragbar, während dieser daran gar nichts Negatives findet? Die Antwort:

Menschen deuten Situationen meistens subjektiv.

Wir alle gehen oft wie selbstverständlich zunächst davon aus, dass ein anderer Mensch eine Situation ganz genauso wahrnimmt und empfindet wie wir selbst. Da bedarf es erst einiger Aha-Momente, wie Ulrike Hensel sie hatte, bis man versteht, dass kein Mensch dem anderen gleicht und jeder die Welt auf seine eigene Art empfindet:[190]

„Mindestens so wichtig, wie mich selbst in den typischen Besonderheiten zu erkennen, war es, die (aus meinem Blickwinkel) Andersartigkeit der vielen Nicht-Hochsensiblen konkreter begreifen zu können. Auf einmal wurde mir klar, dass sie nicht so viel mehr aushalten, sondern dass sie – in derselben Umgebung – gar nicht so starken Eindrücken ausgesetzt sind und gar nicht so viel auszuhalten haben wie ich. Aha. Dass vieles, was mich belastet, sie nicht erreicht, nicht durchdringt, nicht erschüttert, nicht aufwühlt. Dass vieles an ihnen gleichsam abprallt oder abperlt oder sie nur oberflächlich berührt. Aha. Und ich erkannte: Sie brauchen die größere Portion Reize, um sich angenehm stimuliert zu fühlen. Sie leiden unter Umständen an Reizarmut, während ich schon reizüberflutet bin. Aha. Es ist oft gar nicht so, dass sie etwas absichtlich ignorieren, vielmehr haben sie dafür einfach nicht die Antennen. Aha. Wenn jeder die Welt ganz anders erlebt und deswegen auch

anders auf sie reagiert, dann kommt es auf mehr Austausch und deine tauglichere Verständigung an, um besser miteinander klarzukommen. Aha!"

Mache dir klar, dass jeder Mensch die Welt anders sieht und es damit keine allgemeingültige Wahrheit für ein und dieselbe Situation gibt.

Doch wie kann diese „tauglichere Verständigung" aussehen? Man sollte sicherlich versuchen, dem anderen das, was einem am Herzen liegt, zu sagen, ohne ihn anzugreifen und in die Ecke zu drängen. Das klingt für empfindsame Ohren in der Theorie recht gut, losziehen und die Sache von Mann zu Mann (oder Frau zu Frau) klären, ist aber noch etwas ganz anderes – zumal viele sensible Menschen Konflikte ja eher scheuen.[191]

Bevor du also ins „Schlachtfeld" ziehst, solltest du dir ein paar Gedanken machen. Frage dich zum Beispiel, was geschieht, wenn du dich diesem klärenden Gespräch *nicht* aussetzt. Wahrscheinlich wird alles dann genauso weiterlaufen wie zuvor. Das bedeutet meist aber, dass dich die Situation immer *mehr* belasten wird. Solltest du gerade deshalb nicht besser bald Mut fassen und dem anderen in einem klärenden Gespräch mitteilen, was dir wichtig ist?

Um stressreiche Situationen wie diese zu bewältigen, kann es aber zunächst sehr hilfreich sein, die Situation, so wie sie ist, zu *akzeptieren* statt gleich in den Widerstand zu gehen – damit trainierst du deine *Resilienzfähigkeit* (d. h. die Fähigkeit, mit schwierigen Situationen erfolgreich umzugehen).[192] Führe dir vor Augen, dass das Belastende, was dir gerade passiert, immer auch eine Möglichkeit bietet, zu wachsen und konstruktiv mit Problemsituationen umzugehen:

- Akzeptiere, dass du dich in der Situation hilflos fühlst, und nimm sie an. Im Moment magst du vielleicht noch keine Lösung sehen, aber zu einem späteren Zeitpunkt wirst du sie erkennen. Bis dahin suche dir einen Rückzugsort, an dem du dich wohlfühlst, und lass deinen Gefühlen freien Lauf.
- Verliere dich nicht im Wiederkäuen von Problemen, sondern konzentriere deine Energie lieber darauf, wie du mit der Situation umgehen könntest (z. B. durch einen neuen Weg oder ein anderes Vorgehen).
- Mache dir *deinen* Anteil am Geschehenen klar. Damit handelst und denkst du verantwortungsvoll und stärkst dein Selbstwertgefühl.
- Suche eine Lösung (d. h., rede dir nicht ein, dass du das niemals schaffst, sondern sprich dir gut zu und sage: *„Ja, das alles ist gerade ziemlich schwierig, trotzdem werde ich es sicherlich meistern. Was kann ich tun, damit mir das gelingt?“*).
- Tausche dich mit vertrauten Menschen über das Problem aus und lass dir deren Sicht der Dinge erklären (Horizonterweiterung).
- Bewahre dir deinen Optimismus und sei dir bewusst, dass dieses Problem nicht ewig bestehen wird. In zehn Jahren wirst du dich wahrscheinlich gar nicht mehr daran erinnern!
- Erkenne, dass Schwierigkeiten wie diese im Laufe deines Lebens immer wieder auftreten werden. Das ist normal und geschieht jedem Menschen von Zeit zu Zeit. Trotzdem gibt es für jedes Problem eine Lösung – deine Aufgabe ist nur, sie zu finden.

Wenn du dich nun entschließt, das Konfliktgespräch (oder besser: *Lösungsgespräch*) zu führen, solltest du dabei auf eine Übereinstimmung von gesprochenen *Worten, Tonfall* und *Körpersprache* achten.[193] Ziel sollte es sein, dich in einer freundlichen, aber bestimmten Art und Weise auszudrücken. Hierzu gehört es, gerade zu stehen, den Kopf aufrecht zu halten und dem anderen bewusst in die Augen zu schauen. Wichtig: Senke im Gespräch nicht den Blick, das könnte als Unterwerfung interpretiert werden. Erhebe auf keinen Fall die Stimme oder schreie die andere Person an – wahrscheinlich kannst du dir selbst ausmalen, dass diese dann sofort auf „Kampfmodus" schaltet und kein konstruktives Gespräch mehr möglich ist. Verzichte auf ein Lächeln, sondern bleibe lieber neutral. Bewahre dir darüber hinaus deine Souveränität und führe dir vor Augen, dass jeder Mensch das Recht hat, anständig und mit Würde behandelt zu werden – dein Gegenüber genauso wie du. Letzter Tipp von den Erfolgsautoren Emilio Galli Zugaro und Jannike Stöhr[194]: *„Man kommuniziert mit jemandem, nicht an jemanden"*, d. h., lass auch die andere Person zu Wort kommen und öffne dich dem konstruktiven Gespräch (indem ihr beide vielleicht sogar gemeinsam mögliche Lösungsvorschläge erarbeitet).

Der Psychologe Dr. Marshall B. Rosenberg hat eine Form der Verständigung begründet, die er *Gewaltfreie Kommunikation* nannte.[195] Sein großes Ziel: Er wollte Konflikte auf friedliche Art und Weise lösen. Wenn du nun dein Anliegen friedlich formulieren willst, könnten Rosenbergs grundsätzliche Annahmen deshalb für dich von großem Interesse sein:[196] Um auf Augenhöhe miteinander kommunizieren zu können, ist eine empathische Einstellung zueinander eine unbedingte Grundvoraussetzung. Herrscht diese wohlwollende Atmosphäre, ist es leichter, den Bedürfnissen der jeweiligen Gesprächspartner entgegenzukommen. Drückt man sich gewaltfrei aus, kommuniziert man grundsätzlich aufrichtig, offen und mit einfühlsamem Interesse am anderen. Was sehr wichtig ist: Hintergrund eines jeden Konflikts oder einer Handlung sind immer Gefühle und Bedürfnisse, die erfüllt werden möchten.

Das und nicht weniger sind die Grundlagen von Rosenbergs Verständigungsform. Kommunizierst du also gewaltfrei, agierst du seiner Meinung nach wie eine *Giraffe*. Tust du es nicht, handelst du als *Wolf*. Verwirrend? Kein Problem, ich erkläre dir, was es damit auf sich hat.

Die *Wolfssprache* beherrschst du wahrscheinlich schon, sie äußert sich normalerweise in bissigen Sätzen wie: „*Ach* (Name des Betroffenen)*, du hast keine Ahnung, wie man Tabellen erstellt! Hier ist schon wieder ein Fehler!*", „*Du bist so ein Holzklotz!*" oder „*Du hast dieses oder jenes falsch gemacht!*" Bei diesen Aussagen benutzt du das Wörtchen „*du*" sehr oft. Dies tun Menschen häufig, selbst wenn sie sonst meist sehr sensibel sind. Benutzt du dieses manchmal so unfreundlich ausgedrückte „*du*", zeigst du dem anderen, dass du *ihn* für etwas verantwortlich machst – mit der Konsequenz, dass *er* sich sofort angegriffen fühlt. Das ist ziemlich destruktiv für eine lösungsorientierte Kommunikation. Nicht selten endet so ein Gespräch in schlagenden Türen und Staubwolken am Firmament. Da dauert es ein bisschen länger, bis die Sonne wieder scheint. Jetzt könntest du das Ganze klüger angehen – und das Hintertürchen benutzen.

Mein Rat: Verwandle dich lieber in eine friedlebende *Giraffe*. Natürlich nicht körperlich, sondern verbal, d. h., formuliere deine Worte ein bisschen anders: sanfter, weniger angreifend. Bleibe bei *dir* und *deinen* Bedürfnissen, anstatt den anderen anklagend auf den Scheiterhaufen zu schicken. Du könntest sagen: *„Dir sind hier ein paar Fehler unterlaufen. Ist irgendwas? Ich mache mir Sorgen um dich. Mir ist ein gutes Miteinander wichtig. Wie bekommen wir es hin, dass unsere gemeinsame Arbeit nicht leidet?"* Klingt das nicht viel, viel freundlicher und drückt doch ganz gut aus, was dein Ziel ist? Ja – finde ich auch. Kleine Überraschung: Hinter diesen Worten steckt ein ausgeklügeltes System.

Schauen wir uns dieses doch etwas näher an:

Satz 1:
„Dir sind hier ein paar Fehler unterlaufen."
Hier hast du etwas neutral formuliert. Du sagst schlicht, was du beobachtet hast.

Satz 2:
„Ist irgendwas? Ich mache mir Sorgen um dich."
Du drückst dein Gefühl aus, also das, was in dir vorgeht.

Satz 3:
„Mir ist ein gutes Miteinander wichtig."
Hier teilst du dein Bedürfnis mit.

Satz 4:
„Wie bekommen wir es hin, dass unsere gemeinsame Arbeit nicht leidet?"
Das ist das, was du dir vom anderen wünschst, also deine ganz persönliche Bitte an den anderen.

Die grundsätzliche Wortfolge ist damit ziemlich klar strukturiert:

1. Beobachtung
2. Gefühl
3. Bedürfnis
4. Bitte

Knifflig ist lediglich die Unterscheidung zwischen Gefühl und Bedürfnis. Da kann man schon einmal durcheinanderkommen. Merke dir: Dein Bedürfnis steht immer *hinter* deinem Gefühl (d. h. wenn dein Gegenüber etwas tut oder sagt, was dir nicht passt, steckt dahinter immer ein unerfülltes Bedürfnis, welches es herauszufinden gilt). Gefühle sind leichter zu identifizieren als Bedürfnisse, deshalb fangen wir mit ihnen an.

Als Erstes solltest du dich in problematischen Situationen deshalb immer fragen, was du fühlst. Hast du Angst? Empfindest du Freude? Fühlst du dich traurig oder schämst du dich? Was auch häufig vorkommt: ein Gefühl von Wut. In solchen Momenten kann es sehr sinnvoll sein, dich zunächst aus der Situation zurückzuziehen und – vielleicht durch ein paar kräftige Atemzüge – wieder runterzukommen. Hier könnte in anstrengenden Momenten ein neutraler Raum als Rückzugsort fungieren.

Jetzt ist deine nächste Aufgabe, dein unerfülltes Bedürfnis hinter deinem Gefühl zu verstehen. Das ist nicht ganz so leicht, denn es gibt mehr Bedürfnisse als Gefühle. Das kann vom Wunsch nach Ordnung über einen freundlichen Umgang miteinander bis hin zur Wertschätzung reichen. Hast du dich schließlich wieder gefangen und bist dir über dein Gefühl und dein Bedürfnis im Klaren, gehe zurück in die Situation und versuche, das Ganze in Giraffensprache zu formulieren. Das klingt dann in etwa so:[197] *„Wenn ich 1 sehe, dann fühle ich 2, weil ich 3 brauche. Deshalb möchte ich jetzt gerne 4.“*

Manchmal möchte auch der andere mit uns etwas klären. Das wird in den wenigsten Fällen mit gewaltfreier Kommunikation passieren – eher wird dein Gegenüber wahrscheinlich Dampf ablassen und nicht sonderlich darauf achten, ob dich seine Worte verletzen. Ist dir die Beziehung zum anderen jetzt grundsätzlich wichtig und du bist ehrlich daran interessiert, dessen Bedürfnisse zu verstehen, könntest du dir das *aktive Zuhören* von Carl Ransom Rogers zu Nutze machen.[198] Hierbei fragst du aus einem *echten mitfühlenden* Interesse nach. Die positive Folge: Du schaffst aktiv eine *zwischenmenschliche Verbindung*, sicherst dich ab, *ob du das Gehörte richtig verstanden hast* und vermittelst deinem Gegenüber gleichzeitig, dass du ihm die *volle Aufmerksamkeit* schenkst.

Das machst du, indem du …

- das Gesagte ähnlich oder mit eigenen Worten noch einmal wiederholst (*Paraphrasieren und Spiegeln*). Beispiel: *„Verstehe ich es richtig, dass …?“*

- mögliche Gefühle oder Bedürfnisse, die der andere nicht genannt hat, konkret aussprichst (*Verbalisieren*). Beispiel: *„Dieses Verhalten macht dich wütend ...?“*
- das Gesagte und die dahinterstehenden Bedürfnisse noch einmal *zusammenfasst*. Beispiel: *„Okay. Bis jetzt habe ich dich so verstanden: ...“*
- Beschuldigungen und Vorwürfe in das *übersetzt*, was wirklich dahintersteckt: ein unerfülltes Bedürfnis. Beispiel: *„Ich kann mir deinen Unmut vorstellen, weil dir ... wichtig ist, oder?“*

Neben der konstruktiven *verbalen* Verständigung sind noch die Informationen förderlich, welche du auf unterschwellige Weise vermittelst: durch das *nonverbale* Zuhören.[199] Schau also dein Gegenüber immer offen an, nicke und mach dir vielleicht sogar Notizen zu dem Gesagten (besonders, wenn du in einer Diskussionsrunde mit verschiedenen vorherrschenden Meinungen sitzen solltest). Du wirst überrascht sein, wie viel leichter sich Konflikte jeglicher Art nur durch eine andere Wortwahl, Einstellung und Körpersprache klären lassen – etwas, was deinem harmoniebedürftigen Wesen sicherlich sehr entgegenkommt.

Ich habe dir hier verschiedene Möglichkeiten einer wertschätzenden Kommunikation aufgezeigt. Bei der Umsetzung wirst du schnell erkennen, was für dich passend ist. Wenn du Defizite in deiner Kommunikation bemerken solltest, empfehle ich dir, dich mit einer Zusatzlektüre[200] noch tiefer in das Thema einzuarbeiten und deine Fähigkeiten dahingehend auszubauen. Dieser Aufwand wird sich lohnen, denn du wirst bald spüren, dass es dir damit besser geht und deine Kollegen und Vorgesetzten dich respektvoller behandeln.

Durch eine wertschätzende Kommunikation hast du eine sehr gute Chance, Brücken zu bauen anstatt sie abzubrechen. Damit formst du eine bessere Welt mit Gesprächen auf Augenhöhe und gegenseitigem Respekt.

2.5 Nieder mit dem Perfektionismus:

Ansprüche herunterschrauben

Du bist ein introvertierter, vermutlich sehr tiefgründiger Mensch. Das bedeutet, es ist nicht unwahrscheinlich, dass du in deiner Arbeitsweise

- genau,
- detailverliebt,
- zuverlässig,
- geradlinig,
- zielstrebig,
- und extrem sorgfältig

sein könntest.

Darüber hinaus besitzt du möglicherweise die Fähigkeit, Problemen intensiv auf den Grund zu gehen und bist gleichzeitig sehr kritisch, was die eigene Arbeitsleistung betrifft.[201] Treffer? Das überrascht mich nicht, denn ich bin ähnlich wie du. Verstehe mich nicht falsch, ich will diese wunderbaren, erfolgversprechenden Eigenschaften keinesfalls negativ bewerten. Durch deine hohe Motivation bist du absolut in der Lage, großartige Leistungen zu erbringen, was dich sicherlich schon oft mit Stolz erfüllt hat. Trotzdem läufst du – wenn du diese korrekte und zielstrebige Arbeitsweise immer stur durchführst – Gefahr, mit der Zeit ins Perfektionistische abzudriften. Das wiederum ist ungesund, weil es dir deine Lebensfreude nimmt. Aber woran liegt das? Einfach erklärt: Perfektionisten gehen von zwei irrtümlichen Annahmen aus:[202]

1. Sie bemessen ihren persönlichen Wert nach der erbrachten Leistung und dem entsprechenden Erfolg.
2. Sie betrachten alles in Schwarz-Weiß-Kategorien. Geschieht ein Fehler, entwertet das deshalb für sie gleich die ganze Leistung. Fehler werden somit als größer angesehen, als sie sind.

Perfektionisten denken, sie seien faul und können es nicht haben, wenn sie eine Aufgabe nicht zu ihrer eigenen Zufriedenheit erledigen. Gleichzeitig neigen sie dazu, mehr zu machen als erforderlich ist. Kritik ist für sie ein Problem. Darüber hinaus sind sie unsicher, fühlen sich schnell persönlich angegriffen und können sich schwer in Teams integrieren, weil sie bei anderen dieselben perfektionistischen Maßstäbe ansetzen wie bei sich selbst. Gerade sehr sensible Menschen laufen aufgrund ihrer Genauigkeit und ihres Ehrgeizes Gefahr, von *Workoholismus* (d. h. einer übermäßigen Arbeitswut) befallen zu werden. Problem hierbei: Die Arbeit nimmt kein Ende, weil der Betroffene sich auch in seiner Freizeit ständig – und wenn auch nur in Gedanken – mit ihr beschäftigt. Aber wann kann er sich endlich einmal entspannen?

Ein persönliches Beispiel zur Verdeutlichung. Als ich vor einigen Monaten damit begonnen habe, dieses Buch zu schreiben, setzte ich mir den Maßstab, pro Tag in acht Stunden einen ganzen Abschnitt schaffen zu wollen – komme da, was wolle. Hoch motiviert begann ich also, zu tippen. Nach ca. fünf Stunden stellte ich fest, dass ich zwar gut vorankam, aber noch lange nicht fertig war. Zudem bemerkte ich, dass mir der Magen knurrte und es Zeiten gab, in denen ich nur noch in die Luft starrte und sinnierte, was ich schreiben sollte. Ich ignorierte es, schließlich hatte ich ja mein Ziel zu erfüllen. Am Ende des Acht-Stunden-Tages rang ich mir noch einige Sätze ab und beendete den Abschnitt. Danach fuhr ich den Computer herunter und machte Feierabend. Am nächsten Tag las ich mir das Geschriebene noch einmal durch. Alles schön und gut, doch ab dem Zeitpunkt, an dem meine Konzentration nachgelassen hatte, stand leider nur noch Unverständliches auf dem Papier. Diese drei Seiten, die ich in drei Stunden mühsam hervorgebracht hatte, musste ich löschen und noch einmal von vorne anfangen.

Diese Geschichte lehrte mich Folgendes:

1. ***Du* setzt die Maßstäbe für deinen Perfektionismus.**
2. **Demnach kannst *du* deine Maßstäbe auch herauf- oder heruntersetzen.**
3. **Selbst, wenn du *weniger* von dir erwartest, kommst du ans *Ziel*.**
4. **Wenn du nicht perfekt bist, sondern dein *Bestes* gibst, bist du immer auf der sicheren Seite.**

Natürlich hätte ich nach dieser Erfahrung an meinem Plan festhalten können, pro Tag in acht Stunden stur einen Abschnitt „herunterzureißen“. Doch was hätte es dir, lieber Leser dieses Buches, gebracht? Schwammige Formulierungen, langweiliger Inhalt, Worthülsen und Floskeln, die dich beim Lesen gähnen lassen. Und mir? Überforderung, Frustration, Verzweiflung. Vielleicht hätte ich sogar irgendwann aufgegeben. Glücklicherweise habe ich das nicht getan. Ich habe das Buch zu Ende geschrieben. In *meinem* Zeitrahmen, in *meinem* Tempo, abgestimmt auf *meine* persönlichen Bedürfnisse. Das heißt: Ich arbeitete äußerst produktiv ungefähr fünf Stunden am Stück, spürte dann, dass es genug war, aß zu Mittag und erledigte am Nachmittag etwas anderes. Wenn ich krank war, war ich krank und schrieb nichts. Wenn ich private Verpflichtungen hatte, welche vorgingen, schrieb ich ebenfalls nichts. Manchmal schrieb ich an Nachmittagen, an denen ich es gar nicht eingeplant hatte. Manchmal tippte ich nur drei Seiten oder ließ es gleich ganz bleiben, wenn ich merkte, dass mir die Inspiration fehlte. Ich verurteilte mich deshalb nicht. Ich *akzeptierte* es, blieb aber dran!

Unbewusst wandte ich dabei das *Pareto-Prinzip* an, auf das Vilfredo Pareto, ein italienischer Ökonom, 1897 stieß.[203] Dieses Prinzip besagt, dass wir mit nur 20 Prozent unseres Einsatzes gemeinhin 80 Prozent unserer Erfolge erreichen. Für die restlichen 20 Prozent hingegen benötigen wir 80 Prozent (!) unseres Kraftaufwandes. Übertragen auf deine Arbeitsweise bedeutet das, dass dir 20 Prozent deiner Anstrengungen schon einmal 80 Prozent Erfolgsquote bringen. Das kann sich doch sehen lassen, oder?

So geschehen übrigens auch bei meinem Buch. Es wurde (du wirst es ahnen) trotz „unperfekter" Arbeitsweise fertig. Falls du jetzt denkst, es ist doch perfekt, muss ich dich leider enttäuschen. Das ist es nicht. Ganz einfach darum, weil es nicht perfekt sein *kann*. Aus einem sehr naheliegenden Grund: So etwas wie Perfektion gibt es auf diesem Planeten nicht.[204] Diese Meinung vertritt auch Anne Heintze:[205]

„Zum einen sind die Dinge fast immer subjektiv – was dem einen gefällt, muss dem Nächsten noch lange nicht gut erscheinen. Zum anderen ist es niemandem möglich, alles genau richtig zu machen. Je mehr es versucht wird, umso schwieriger wird es sogar."

Im Hinblick auf mein Buchprojekt bedeutet das Folgendes: Absolut perfekt wäre es in meinen Augen, wenn ich dafür noch weitere 150 Seiten schreiben, 17 Blickwinkel mehr und zusätzliches Arbeitsmaterial in Form einer DVD mit aufnehmen würde. Doch selbst dann wäre es wahrscheinlich für einige meiner Leser immer noch nicht perfekt. Aber weißt du was? Das Risiko gehe ich ein. Dieses Buch ist mit viel Herzblut, umfangreicher Recherche und äußerster Sorgfalt in jeder freien Minute, die ich zur Verfügung hatte, geschrieben worden. Es ist gut und wird dir in deiner schwierigen Situation helfen. Davon bin ich überzeugt. Nebenbei bemerkt: Dass es auf diesem Planeten offensichtlich nirgendwo Perfektion gibt, finde ich ziemlich heilsam. Es zeigt doch, dass wir alle eines gemeinsam haben: Wir sind fehlbar, aber trotzdem liebenswert.

Mir ist nicht bekannt, in welchem Bereich *du* perfekt sein willst. Da aber dieses Buch von einem erfüllten Berufsleben speziell für feinfühlige Menschen handelt, vermute ich stark, *dass* du nach Perfektion strebst. Deshalb interessiert mich an dieser Stelle:

Warum willst du perfekt sein?

Hast du dich das schon einmal gefragt? Einige beispielhafte Antworten aus meiner Erfahrung mit Feinfühligen:

„Ich will perfekt sein, weil ich dann nicht angreifbar bin."

„Ich will perfekt sein, damit meine Arbeit gewürdigt wird."

„Ich will perfekt sein, weil ich unter keinen Umständen Schwäche zeigen will. So bemerkt niemand, dass ich eigentlich gar nichts drauf habe und mich minderwertig fühle."

Was nicht selten hinter diesen Antworten steckt: der Wunsch nach Anerkennung. Und mindestens genauso oft wieder einmal: Angst – Angst, nicht gemocht zu werden, weil man ist, wie man ist; Angst, der Außenseiter zu sein; Angst, geächtet zu werden; Angst, „schwach" zu sein in unserer leistungsbedachten Gesellschaft.

Perfektionsstreben hat Vor-, aber auch Nachteile. Was überwiegt bei dir?

Keine Sorge: In einem angemessenen Rahmen ist es völlig legitim, anerkannt werden zu wollen oder hin und wieder eine gewisse Angst vor Fehlern zu verspüren. Schwierig wird es nur, wenn diese Befürchtungen Oberhand gewinnen.[206] Wenn alles, was du tust, nur noch den Sinn hat,

Anerkennung zu erhalten, vergisst du darüber hinaus die Dinge, die eigentlich zählen sollten: deine *Wünsche* und *Bedürfnisse* und nicht selten auch deine *moralischen* Werte.

Ungleich entspannender ist eine andere Haltung zu dir selbst: Nimm dich mit deinen Fehlern und Schwächen an. Sei nicht perfekt! Das Geheimnis dieser Einstellung: Erst, wenn du dich selbst anerkennst und mit Respekt behandelst, wird es dir möglich sein, Kritik von anderen anzunehmen, ohne dich sofort in Frage zu stellen.[207] Die Kritik ist dann lediglich ein Ausdruck dafür, dass jemand mit dem, was du getan oder gesagt hast, nicht einverstanden war. Das ist zwar unangenehm, aber völlig okay. Du hast doch auch schon jemanden kritisiert und ihn trotzdem als Person weiterhin geschätzt?

Kritik entwertet dich weder als Mensch, noch stürzt sie dich in ein emotionales Höllenfeuer – außer aber du lässt es zu, weil du im Innersten selbst nicht zu dir stehst!

Wenn du immer nur Anerkennung suchst, läufst du Gefahr, andere Menschen auf eine höhere Stufe als dich selbst zu stellen, und machst dich von den Erwartungen dieser Menschen abhängig. Aber wer sagt dir eigentlich, dass das, was dein Umfeld von dir erwartet, auch immer das Beste für dich ist? Könnte es nicht sein, dass diese Menschen eigene Interessen haben, die deinen sogar widersprechen? Oder aber, dass die Ablehnung deiner Person ein Problem deines Gegenübers sein könnte und gar nichts mit dir zu tun hat?

Dein Kollege nörgelt an dir und deiner Arbeit herum, wo er nur kann. Der Grund: Du erinnerst ihn an jemanden, mit dem er früher zusammengearbeitet hat und mit dem er ständig im Clinch lag. Da kannst du wahrscheinlich sagen und tun, was du willst – du wirst es ihm nie recht machen können.
Deswegen ist es deine Aufgabe, Kritik zwar da, wo sie angebracht ist, anzunehmen, aber dich gleichzeitig als Person weiterhin wertzuschätzen. Zudem solltest du dem Kollegen gegebenenfalls Paroli bieten oder ihn gleich durch einen netteren eintauschen, sofern das möglich ist. Was bekommst du für diesen Aufwand? Ein deutlich entspannteres Leben und Arbeiten.

Schöne Vorstellung – um dorthin zu kommen, rät Anne Heintze Introvertierten, das eigene Perfektionsstreben nicht als *„Ziel"* zu sehen, sondern als *„Streben, als Annäherung an einen Punkt in der Unendlichkeit"*.[208] Hierfür ist es enorm wichtig, einen Arbeitsplatz zu finden, an dem du deinem Wesen entsprechend wirken und deine Fähigkeiten ausleben kannst. Kein Arbeitgeber wird dich gleich köpfen, wenn du einmal etwas falsch machst oder etwas zeitlich vielleicht nicht so hinbekommst. Man schätzt dich und weiß, dass du ein grundsätzlich angenehmer Mensch bist, der auf Qualität achtet, aber trotz seiner Sorgfalt auch nicht vor Fehlern gefeit ist.

Dazu solltest du jedoch zunächst dein Perfektionsstreben auf ein realistisches Maß herunterfahren. Wenn du dein Bestes gibst, *ohne* dich dabei aufzuopfern, hast du ein reines Gewissen dir selbst gegenüber. Du stehst zu dir. Denn was nützt es dir, stets perfektionistisch zu arbeiten, wenn dein Körper und deine empfindsame Seele auf Dauer darunter leiden? Alles das nur für ein bisschen Anerkennung, die wieder verpufft? Auch wenn es unangenehm ist, hier eine schlichte Tatsache der Arbeitswelt:

Wir alle sind ersetzbar. Immer.

Früher fand ich das total negativ. Heute sehe ich es neutraler. Es bedeutet auch, dass du immer wieder aufs Neue die Chance bekommst, dir einen Job zu suchen, der dich zwar fordert, aber nicht *über*fordert, und bei dem du trotzdem ein guter, pflichtbewusster Arbeitnehmer (oder Selbständiger) sein kannst; einen Job, bei dem du das Beste aus dir hervorholst, ohne krankhaft perfektionistisch zu sein und dafür doch als Person wertgeschätzt wirst. Das ist für feinfühlige Personen äußerst heilsam. Es erinnert mich an diese buddhistische Weisheitsgeschichte:[209]

Ein Mönch sollte in seinem Kloster eine Mauer errichten. Das fiel ihm ziemlich schwer, da er noch nie zuvor gemauert hatte. Trotzdem schaffte er es mit viel Geduld und Zeit, die Backsteinmauer zu errichten.

Als er fertig war, bewunderte er sein Erstlingswerk. Da fiel ihm etwas Furchtbares auf: Zwei Steine saßen schief! Das machte ihm die ganze Mauer madig und er schämte sich für seinen Bau. Da der Zement inzwischen fest geworden war, konnte er die Mauer mit den 1000 Steinen nicht mehr einreißen und neu errichten.

Nach einigen Monaten führte er einen Besucher des Klosters durch die Anlage. Als sie an der Steinmauer vorbeikamen, betrachtete dieser das Werk und sprach ihm seine Bewunderung dafür aus. Der Mönch war irritiert. Er fragte: „Fallen Ihnen denn die beiden mangelhaft eingesetzten Backsteine nicht auf, welche die Schönheit dieser Mauer schmälern?" Der Mann schaute noch einmal genau hin. Dann sagte er: „Natürlich fallen mir die beiden schiefen Steine auf. Aber genauso erkenne ich die 998 gut eingesetzten Steine."

Das veränderte die Sichtweise des Mönches. Bisher hatte er sich nur darauf konzentriert, was nicht passte, jetzt sah er zum ersten Mal, was ihm gelungen war, und konnte sich ehrlich daran erfreuen.

Na, bringt das in dir etwas zum Klingen? Wer bist du in dieser Geschichte, Mönch oder Gast? Oder besser: Wer willst du gerne sein? Für den Fall, dass du der Gast sein möchtest, hier ein paar wertvolle Anregungen in Sachen Imperfektion. Das Motto dabei: Lieber mittelmäßig, aber dafür deutlich mehr entspannt.[210]

HOLE DIR HILFE VON ANDEREN, WENN DU NICHT WEITERKOMMST

Wenn du eine Aufgabe bekommst, von der du keine Ahnung hast, wie du sie lösen sollst, vertraue dich am besten einem kompetenten Kollegen an. Sage zu ihm:

„*Du,* ……. (Name des Kollegen einsetzen), *ich muss* ……………… (Aufgabe einsetzen) *und fühle mich da nicht ganz so sicher. Da du auf diesem Gebiet ja sehr erfahren bist, würde ich dich gerne um einen Ratschlag bitten, wie ich das am besten anpacken soll. Hast du vielleicht eine Idee?*"

Denke bitte daran: Es ist wahrlich ein Zeichen von *Größe* (nicht Schwäche!), offen zu seiner Unvollkommenheit zu stehen und bei Bedarf Hilfe einzufordern. Nebenbei bemerkt helfen sehr viele Menschen gerne und fühlen sich gut, wenn sie es tun. Das wiederum könnte eine wunderbare Grundlage für eine fruchtbare Zusammenarbeit sein.

BETRACHTE DEINE SCHWÄCHEN MIT MILDE

Der beste Weg, von Minderwertigkeitsgefühlen überwältigt zu werden, ist, mit der Lupe auf die eigenen Schwächen und mit umgedrehtem Fernglas auf das, was gelingt, zu schauen.[211] Deswegen hab Vertrauen in dich und deine Fähigkeiten. Mach es dir zur Aufgabe, das zu stärken, was du kannst, anstatt dich kleinzumachen, weil du etwas nicht kannst. Verzichte auch darauf, dich mit anderen zu vergleichen. Jeder Mensch ist einzigartig, und es gibt etwas, was er gut kann, und etwas, was er weniger gut kann. Das ist in Ordnung so und nichts Schlimmes. Ein Vergleich ist darum schlicht und ergreifend unnötig.

KALKULIERE FEHLER MIT EIN

Fehler zu machen ist menschlich. Gerade durch Fehler lernst du, wie du in Zukunft agierst. Denn: Wie lernt ein Kind das Laufen? Würde es jedes Mal nach dem Hinfallen aufgeben, könnte es doch nie irgendwann auf zwei Beinen stehen, oder? Trotzdem ist es sinnvoll, sich den Weg dahin nicht unnötig schwer zu machen. Anne Heintze[212] empfiehlt, dass du, wenn du die Wahl zwischen unterschiedlichen Optionen hast, am besten die leichteste wählst. Überlege: Vielleicht macht hier schon allein dein persönlicher Anspruch einen gravierenden Unterschied? Wenn du ihn ein klein wenig herunterfährst, kommst du sicher lockerer ans Ziel.

ÜBE DICH IN IMPERFEKTION

Ein naheliegendes Beispiel: Normalerweise antwortest du auf eingehende E-Mails immer sofort, um den Absender nicht warten zu lassen. Probiere es heute ausnahmsweise einmal so: Antworte erst fünf Stunden später. Oder, noch besser – in Fällen, bei denen du denkst, es problemlos verantworten zu können – erst am nächsten Tag. Eine andere Möglichkeit: Setze Prioritäten und arbeite von zehn angeblich höchst dringenden Aufgaben „nur“ acht ab. Dann gehe pünktlich in den Feierabend. Das nennt sich „Dienst nach Vorschrift“, wie Volker Kitz in seinem Buch „Die 365-Tage-Freiheit“ schreibt.[213] Denn ist es nicht so, dass dein Arbeitgeber dich jeden einzelnen Monat immer streng „nach Vorschrift“ bezahlt? Was spricht dagegen auch die Gegenleistung (also deine Arbeit) genau nach Vorschrift zu erbringen und pünktlich zu gehen? Dann hast du auch an einem noch so vollgepackten Tag etwas Zeit für dein Privatleben.

Sieh das Ganze am besten als kleines Experiment. Als Einstieg kannst du es ja nur an einzelnen Tagen so probieren und dann auf immer mehr Tage ausdehnen. Schaue, was am ersten Experimenttag passiert. Ich garantiere dir, dass in 99 Prozent aller Fälle nichts geschieht, du aber deutlich weniger gestresst deine Arbeit absolvieren kannst. Wenn das keinen Versuch wert ist?

So etwas wie Perfektion existiert nicht und ist ein Trugschluss in deinem feinsinnigen Geist. Die Lösung: Fahre deine Ansprüche herunter und gib das, was du leisten kannst, aber ohne dich selbst völlig zu verausgaben.

2.6 Glaube an dich:

Selbstvertrauen aufbauen

Selbstvertrauen – für viele Feinfühlige ein schönes, theoretisches Konstrukt, eine glitzernde Seifenblase, eine Wunschvorstellung, ein Traum. Die Realität: oft duster. Häufig wird ein sensibler Wesenszug eher als Last betrachtet – so zumindest bekomme ich es in den zahlreichen Diskussionen diverser Foren mit. Ist dies der Fall, lehnt die betreffende Person sich ab und ist enttäuscht von sich selbst. Das ist traurig, denn es müsste nicht sein. Woher aber kommt dieses Phänomen?

Nun, ich bin nicht das Orakel von Delphi, aber ich denke, es ist so, weil Empfindsame in ihrem Leben schon immer irgendwie aus dem Rahmen gefallen sind (d. h., sie waren insgesamt stiller, in sich gekehrter, nachdenklicher usw.). Vielleicht haben andere negative Kommentare zu ihrem Verhalten abgegeben, so dass sie, nun ja, nicht gerade das Gefühl bekamen, genial zu sein.[214]

Besonders im Erwachsenenalter – genauer gesagt im beruflichen Umfeld – fällt ihr Verhalten auf, am allermeisten wohl ihnen selbst.

Ein paar Aussagen von (hoch-)sensiblen und introvertierten Menschen:

„Ich schaffe es einfach nicht, in einer größeren Gruppe laut zu sprechen. Stattdessen piepse ich wie ein Mäuschen und bekomme eine knallrote Birne."

„Ich tue mich schwer, mich zu öffnen – schon gar nicht bei der Arbeit. Ich glaube, bei den Kollegen gelte ich schon als verschlossene Auster, weil man mir alles aus der Nase ziehen muss."

„Unter Druck arbeiten, oder wenn mir jemand zuschaut, geht gar nicht. Da ist mein Kopf wie leergeblasen und ich verzettle mich total."

Vielleicht sind dir solche Aussagen ebenfalls bekannt, weil sie dir selbst manchmal durch den Kopf geistern. In solchen Momenten stellst du dich wahrscheinlich in Frage und grübelst, warum du so bist, wie du bist. Diese Gedanken haben eine große Macht. Denn sie können eines sehr gut: dein Selbstvertrauen zerstören. Das hat ein paar böse Folgen: Du machst dich klein, würdigst deine Talente und Fähigkeiten herab, traust dir nichts mehr zu und bleibst unter deinen Möglichkeiten. Kurz: Du empfindest dich als unfähig und verurteilst dich wahrscheinlich in schöner Regelmäßigkeit selbst.[215]

Während ich das schreibe, juckt es mich sofort in den Fingern, dieser unnötigen Selbstbeschimpfung etwas entgegensetzen. Deshalb darfst du dich, wenn du Lust hast, auf einen kleinen Perspektivenwechsel einlassen und dir etwas vorstellen. Du bist dabei? Sehr schön.

Es ist Montagabend und deine beste Freundin kommt zu dir. Sie berichtet, dass sie vergessen hat, einen wichtigen Kunden zurückzurufen. Der Kunde hat sich bei ihrem Chef beschwert – dementsprechend hat sie einen Anschiss bekommen, der sich gewaschen hat. Deine Freundin ist sehr geknickt und fängt beinahe an zu heulen.

Preisfrage an dich: Wie würdest du reagieren? Wohl wie die meisten empathischen Personen: Du würdest sie umarmen, ihr übers Haar streichen und ihr sagen, dass es kein Weltuntergang ist, einen Anruf zu vergessen; dass ihr Chef sowieso ein cholerischer Meckerer ist, der an allem und jedem herumnörgelt; dass Menschen nicht perfekt sind und das zum Leben nun mal dazugehört. Und wenn du schließlich mit deinen aufbauenden Worten fertig bist, würdest du sie anlächeln und sagen: *„Hey, Kopf hoch, das geht vorbei. Spätestens am Wochenende erinnerst du dich gar nicht mehr daran.“* So oder so ähnlich würde es doch ablaufen.

Soweit, so gut. Jetzt stell dir bitte etwas anderes vor. Stell dir vor, du bist diese gepeinigte Freundin und hast erlebt, was sie erlebt hat.

Große Frage: **Wie reagierst du … jetzt?**

Tröstest du dich genauso liebevoll oder machst du dich fertig? Beschimpfst du dich? Betitelst du dich als Versager? Benutzt du dabei Floskeln wie *„Nie kriegst du etwas hin! Was sollen nur die anderen von dir denken?“* gefolgt von *„Dein Chef wird dich garantiert rausschmeißen, wenn so etwas noch einmal passiert!“*? Liege ich mit dieser Annahme richtig? Ein bisschen schon, oder? Dann erlaube mir jetzt bitte ein paar weitere Fragen. Sie lauten: Wieso behandelst du dich schlechter als deine allerbeste Freundin? Hast du denn anders gehandelt als sie und deine Böcke zählen mehr als ihre? Setzt du bei dir strengere Maßstäbe an? Und wenn ja: Warum?

Mein liebevoller Rat an dich: Bitte lass das sein. Es führt nur dazu, dass du dich fertig machst – und zwar wegen einer Sache, an die sich deine Umwelt schon am nächsten Tag nicht mehr erinnert. Im Leben musst du zu dir stehen, egal was dir für Fehler passieren. Du musst in liebenswerter Art und Weise für dich da sein und dich durch schwierige Situationen begleiten. Du hast es wie jeder andere Mensch verdient, geliebt zu werden, und zwar so, wie du nun einmal bist.

Was flüstert dein Herz, wenn du es zu diesem Thema befragst? Sehnt es sich nach bedingungsloser Annahme? Ich versichere dir, du kannst diese bedingungslose Annahme in der Außenwelt erreichen, dazu aber ist der allererste Schritt, dass du dich selbst annimmst. Das muss dich nicht enttäuschen, im Gegenteil. Es ist eine großartige Chance, weil es bedeutet, dass du die Hebel in der Hand hast und dafür sorgen kannst, dass es dir besser geht. Du *kannst* dein Selbstvertrauen und deine Liebe zu dir stärken, und zwar jeden einzelnen Tag. Nicht weniger als das wird dir den nötigen Rückenwind geben, um sicher durch die Wogen des Lebens zu gleiten. So könntest du anfangen, dich selbst zu lieben:

FÜHRE DIR DEINE *GABEN* VOR AUGEN

Du als feinfühliger, vielleicht hochsensibler Mensch besitzt sehr viele Gaben.[216] Um dein Selbstvertrauen zu stärken, ist es sinnvoll, dass du dir diese immer wieder bewusst machst. Fang bitte heute damit an, dich trotz deiner Macken und negativer Erfahrungen wertvoll zu fühlen, triff diesbezüglich vielleicht sogar eine bewusste Entscheidung. Das Ziel ist es, deine innere Mitte zu finden, dein individuelles Ich. Hier einige

Qualitäten, die viele Feinfühlige aufweisen und von denen du profitieren kannst.

Ruhige Menschen sind häufig …

- verantwortungsbewusst,
- kreativ,
- gute Denker und Problemlöser,
- vielseitig interessiert,
- aufmerksam,
- gewissenhaft,
- einfühlsam,
- konzentriert,
- bedacht im Umgang mit anderen,
- reflektiert und vorausahnend,
- begabt im Erfassen von komplexen Inhalten,
- auf Sinnsuche,
- gute Zuhörer,
- strukturiert,
- tiefgründig,
- rücksichtsvoll,
- taktvoll.

Darüber hinaus können sie gut zwischen verschiedenen Parteien vermitteln, sind gerecht, haben eine hohe emotionale Intelligenz, sind innovativ und noch vieles mehr. Und das ist nur ein Bruchteil dessen, was leise Menschen zu bieten haben.

Welche Gaben hast *du*?
Fallen dir noch weitere Talente ein?

Deine Aufgabe: Nutze deine Talente.[217] Erfahrungsgemäß werden derartige Gaben von ihren Besitzern leider viel zu wenig gewürdigt, was aber ganz entscheidend für ein gutes Selbstwertgefühl ist. Stattdessen landen zurückhaltende Menschen oft eher in der *„Selbstverständlichkeitsfalle"*, wie Natalie Schnack, Sichtbarkeitstrainerin und selbst introvertiert, es nennt.[218] Ihre Erfahrung: Berichten Introvertierte im Coaching über erfolgreich gemeisterte Situationen und reflektieren gemeinsam mit ihr die im Gespräch herausgehörten Stärken, erntet sie häufig entgeisterte Blicke und Antworten wie: *„Ach Quatsch, das ist doch nichts Besonderes"*, *„Das kann doch jeder"* oder *„Das muss man doch gar nicht extra erwähnen!"*.

Ich sage dir:

Doch, die Stärken Introvertierter
***muss* man erwähnen!**

Stärken sind Stärken, weil sie einfach *vorhanden* sind und es eben keiner großer Anstrengung bedarf, sie einzusetzen. Stärke hat absolut *nichts* mit Anstrengung zu tun – genau deswegen *ist* sie ja eine Stärke! Natalie Schnack benutzt, um das zu verdeutlichen, eine kleine Tiermetapher von Vera F. Birkenbihl. Ich möchte sie dir hier etwas abgeändert vorstellen, weil sie für mich sehr schlüssig ist. Stelle dir bitte diese beiden Tiere vor: einen

Affen und einen Delfin. Jedes Tier ist in seinem Gefilde der absolute King: Der Affe hangelt sich von Baum zu Baum, der Delfin schwimmt fröhlich im Meer herum. Kommt der Affe plötzlich auf den Gedanken, schwimmen zu wollen, wird er das zwar durch viel Training grundsätzlich lernen können, jedoch nie so gut sein wie der Delfin, der sich in seinem natürlichen Element bewegt. Hätte der Delfin hingegen die Absicht, auf Bäume klettern zu wollen, wäre das, nun ja, schlichtweg absurd. Ergo: Bewegst du dich in deinem natürlichen Element (also das, was du als völlig selbstverständlich und als nicht erwähnenswert erachtest), nutzt du bereits etwas sehr Mächtiges: deine seit jeher vorhandenen Stärken! Deswegen ist für dich ganz klar ein Beruf von Vorteil, in dem du deine Gaben nutzen kannst, und nicht einer, in dem du ständig nur versuchst, deine Schwächen auszugleichen.

Wenn ich als feinfühliger Mensch gerne berate, werde ich in einem Buchhaltungsjob wahrscheinlich auf Dauer nicht unbedingt glücklich werden (außer aber, Zahlen sind meine zweite Passion).

Fazit: Deine Gaben sind nicht selbstverständlich und verdienen es, wahrgenommen, gewürdigt und eingesetzt zu werden!

AKZEPTIERE DICH – VOLLUMFASSEND UND KOMPLETT

Ja, ich weiß, dass man sich selbst akzeptieren soll, ist theoretisch ein recht banaler Ratschlag. Die Umsetzung jedoch erfordert, wie wir alle wissen,

Zeit, Übung und eine Engelsgeduld, dich mit dir und deinem stillen Wesen zu beschäftigen. Hast du das aber geschafft, so verspreche ich dir, werden Mühlsteine der Erleichterung von dir abfallen. Dann ist es so: Du vermutest nicht mehr nur, nein, du weißt, wer du bist. Gleichzeitig hörst du auf, dich zu verdammen, und beginnst, dich anzunehmen. Das ist sehr befreiend. Sylvia Harke schreibt, dass die *„Akzeptanz der Andersartigkeit der Schlüssel zur Selbsterkenntnis"* ist.[219] Das bedeutet, wenn du erkennst, was dich als feinfühlige Person ausmacht (z. B. Stärken, Schwächen, Interessen, Fähigkeiten, persönliche Leistungsfähigkeit), kannst du dein (Berufs-)Leben Stück für Stück so einrichten, dass es zu dir passt. Höre bitte auf zu versuchen, eine andere (in deinen Augen vielleicht bessere oder gar unkompliziertere) Person zu sein. Sei lieber *du* und stehe zu dir, das wird dir inneren Frieden schenken.

Auch Anne Heintze ist dieser Meinung.[220] Sie sagt, erst wenn du dir deines Selbst wirklich bewusst bist, kannst du dich entfalten. Dann wirst du kein Problem mehr damit haben, dass du vielleicht ein wenig anders tickst als ein extravertierter Mensch. Du gewinnst an Selbstsicherheit und kannst akzeptieren, dass es sowohl laute als auch leise Menschen gibt und jeder für sich einen berechtigten Platz auf dieser Welt und in diesem Arbeitsleben hat.

Was klar sein dürfte: Natürlich kannst du auf diesem Weg zur Selbsterkenntnis nicht jedem gefallen – aber das musst du auch gar nicht. Idealerweise stehst du dann ganz einfach über den Dingen.

Eine nette Geschichte, die das verdeutlicht, ist „Der Kaufmann und der Papagei" von Nossrat Peseschkian, hier leicht verändert wiedergegeben.[221]

DIE SCHWIERIGKEIT, ES ALLEN RECHT ZU MACHEN

Ein Vater zog mit seinem Sohn und einem Esel in der Mittagshitze durch die staubigen Gassen. Der Sohn führte und der Vater saß auf dem Esel. „Der arme kleine Junge", sagte ein vorbeigehender Mann. „Seine kurzen Beine versuchen, mit dem Tempo des Esels Schritt zu halten. Wie kann man nur so faul auf dem Esel sitzen, wenn man sieht, dass das Kind sich müde läuft?"

Der Vater nahm sich dies zu Herzen, stieg hinter der nächsten Ecke ab und ließ den Jungen aufsitzen. Es dauerte nicht lange, da erhob schon wieder ein Vorübergehender seine Stimme: „So eine Unverschämtheit! Sitzt doch der kleine Bengel wie ein König auf dem Esel, während sein armer, alter Vater nebenherläuft."

Dies tat nun dem Jungen leid und er bat seinen Vater, sich mit ihm auf den Esel zu setzen. „Ja, gibt es so was?", sagte eine alte Frau. „So eine Tierquälerei! Dem armen Esel hängt der Rücken durch und der junge und der alte Nichtsnutz ruhen sich auf ihm aus!" Vater und Sohn sahen sich an, stiegen beide vom Esel herunter und gingen neben dem Esel her.

Dann begegnete ihnen ein Mann, der sich über sie lustig machte: „Wie kann man bloß so dumm sein? Wofür hat man einen Esel, wenn er einen nicht tragen kann?" Der Vater gab dem Esel zu trinken und legte dann die Hand auf die Schulter seines Sohnes. „Egal, was wir machen", sagte er, „es gibt immer jemanden, der damit nicht einverstanden ist.

Ab jetzt tun wir das, was wir selber für richtig halten!" Der Sohn nickte zustimmend.

Schöne Geschichte. Du stellst dich aber immer noch in Frage, weil du beispielsweise so viel nachdenkst und alles analysierst? Ja, das kann manchmal belastend sein, das gebe ich schon zu.

Trotzdem sind es doch gerade die Sinnsucher und Erfinder, die der Menschheit immer schon ein Leitstern waren. Was wäre die Welt denn ohne Einstein (Relativitätstheorie), Fleming (Penicillin) oder Freud (Psychoanalyse)? Meinst du wirklich, die hatten keinen Gegenwind? Nur, weil sie an sich glaubten und sich nicht beirren ließen, kamen sie so weit. Ein wichtiger Satz, deswegen wiederhole ich ihn für dich gerne noch einmal:

Nur, weil sie an sich *glaubten* und sich nicht beirren ließen, kamen sie so weit!

Ich kann dich beruhigen: Du musst gar nicht Einstein, Fleming oder Freud sein. Du bist Sabine aus dem Ruhrpott, Klaus aus Grasellenbach, Uschi aus Eckernförde. Du musst keine bahnbrechende Sache erfinden, um „wer“ zu sein. Du darfst die kratzenden Etiketten aus deinen Pullis schneiden, Tempos vollschnäuzen, wenn du Titanic anschaust, und um 9 Uhr abends von einer Party verschwinden, weil dir eben „danach ist“. Du *darfst* das. Weil du eben bist, wie du bist.

TRAINIERE HIN UND WIEDER DEINEN EXTRAVERSIONSMUSKEL

Sich selbst annehmen, wie man ist, bedeutet nicht, in seiner Entwicklung stehen zu bleiben. Auch wenn ich mich als Person akzeptiere, darf ich dabei natürlich nicht extrem werden und nur noch auf meine Sicht der Dinge pochen.

Die sozialverträgliche Lösung: ein gegenseitiges Herantasten von Extra- und Introvertierten[222] und hin und wieder einmal ein Ausflug auf die andere Seite. Aber warum solltest du dich als zurückhaltender Mensch darauf einlassen? Die Antwort: Weil Gegensätze sich gegenseitig bereichern und sehr viel voneinander lernen können. So bekommt jeder der Beteiligten mehr Handlungsspielraum und persönliche Flexibilität. Das Leben wird also abwechslungsreicher.

Was können Introvertierte von Extravertierten lernen? Zum Beispiel: den konstruktiven Umgang mit Konflikten (anstatt sich vielleicht verschüchtert zurückzuziehen); abends spontan ins Kino zu gehen, obwohl der Terminkalender möglicherweise zum Bersten voll ist; etwas Neues zu wagen; vielleicht sogar doch länger auf einer Feier zu bleiben, sich von der Stimmung anstecken zu lassen und Spaß zu haben. Und was ist mit den Extravertierten, was können sie von uns Intros lernen? Das bewusste Innehalten und Verweilen; das Zuhören und Sich-bei-einer-Person-geborgen-Fühlen; das Leise, Tiefgründige; die Substanz hinter getroffenen Entscheidungen; das Wohlbedachte und Friedliche.

Solltest du jetzt ins Nachdenken gekommen sein, können dir diese Fragen helfen, dich weiterzuentwickeln:[223]

- Wie ist mein Stand in der Gesellschaft? Stehe ich immer nur am Rand oder fühle ich mich einem Personenkreis zugehörig?
- Bin ich nur im Hinblick auf mich selbst einfühlsam oder auch in Bezug auf meine Mitmenschen?

- Wähle ich immer nur meine Art der Kommunikation (z. B. Schreiben von E-Mails) oder gehe ich auch auf Extravertierte ein und stelle mich einem Gespräch?
- Sage ich das, was ich denke – selbst wenn mir das angekreidet werden könnte?
- Handle ich nach meinem besten Wissen und Gewissen oder tue ich nur das, was andere von mir verlangen?

Sylvia Löhken[224] weist noch auf eines hin: Wenn du Ausflüge auf die andere Seite machst, tue das nur, wenn du dich danach fühlst, d. h. wenn du offen dafür bist und es dir im Innersten gut geht. Ausflüge unter Druck bringen weder dir noch allen anderen Beteiligten etwas.

SEI DIR SELBST IMMER EIN GUTER FREUND

Das ist ein Tipp, der mir besonders am Herzen liegt: Behandle dich selbst immer so, wie du auch deine(n) beste(n) Freund(in) behandeln würdest. Unterstütze dich selbst in Situationen, die dich fordern.

Das bedeutet:

- Nimm dich an die Hand und gehe liebevoll mit dir durch dieses Leben.
- Erkenne, welche und wie viel Stimulation dir guttut und an welchem Punkt Überforderung anfängt.
- Suche dir geeignete Ruhepole und Menschen, bei denen du entspannen kannst.
- Baue Phasen der Regeneration wie selbstverständlich in deinen Alltag ein.

Kränke dich auch nicht fortlaufend selbst, sondern erarbeite dir stattdessen *positivere Ansichten* von dir.[225] Wenn dir also wieder einmal durch den Kopf schießt: *„Mein Gott, das ist so typisch, dass das gerade mir wieder passiert!“* ersetze es durch: *„Ja, es ist mir passiert, aber es ist kein Weltuntergang. Wie kann ich es in Zukunft anders machen?“*

Übrigens: Selbstgeißelung kenne ich aus meinem früheren Leben auch sehr gut. Glücklicherweise gibt es heute – nach all den beruflichen Erfahrungen und Erkenntnissen – ein neues Ich, welches das alte in Selbstbeschimpfungssituationen mit mütterlicher Güte an die Hand nimmt und flüstert: *„Schau liebe Nicole, das ist die frühere Version von dir. Wie würde es die heutige Version sehen?“* Dann besinne ich mich darauf, was ich während der Zeit meiner Berufsfindung gelernt habe und finde flexiblere Lösungen, bei denen ich mich nicht wie ein geprügelter Hund durch eine Situation winden muss. Martin Wehrle[226] bezeichnet dieses Vorgehen als bewusste Entscheidung. Sein Vorschlag: Ersetze dein (möglicherweise) *negatives Selbstbild* durch ein *positives.* Bezogen auf unsere drei Eingangsbeispiele stellt sich das in etwa so dar:

Negatives Selbstbild:
„Ich schaffe es einfach nicht, in einer größeren Gruppe laut zu sprechen. Stattdessen piepse ich wie ein Mäuschen und bekomme eine rote Birne.“

Positives Selbstbild:
„Es geht um den Inhalt des Gesagten, nicht um die Art, wie es gesagt wird. Wenn ich leise spreche, müssen sich die anderen auf jeden Fall besser konzentrieren und werden deswegen auch alles mitbekommen.“

Negatives Selbstbild:
„Ich tue mich schwer, mich zu öffnen – schon gar nicht bei der Arbeit. Ich glaube, bei den Kollegen gelte ich schon als verschlossene Auster, weil man mir alles aus der Nase ziehen muss."

Positives Selbstbild:
„Ich bin eine vertrauenswürdige Person, bei der Geschäftliches und Persönliches gut aufgehoben ist. Zudem trenne ich Berufs- und Privatleben, das ist mir einfach wichtig."

Negatives Selbstbild:
„Unter Druck arbeiten, oder wenn mir jemand zuschaut, geht gar nicht. Da ist mein Kopf wie leergeblasen und ich verzettle mich total."

Positives Selbstbild:
„Ich bin in der Regel immer gut vorbereit und erledige anfallende Aufgaben mit Sorgfalt. Multitasking liegt mir nicht, da leidet die Qualität."

Egal, ob du nun eine imaginäre Instanz erschaffst, welche sich „guter Freund" oder „gute Freundin" nennt und die Aufgabe hat, dich zu bestärken, du auf verletzende Selbstkränkungen verzichtest oder aber dir insgesamt ein positiveres Selbstbild verschaffst, das Ziel ist das gleiche.

Es heißt: Unterstütze dich – vorbehaltlos. Dann umschiffst du jede Klippe, die sich dir stellt.

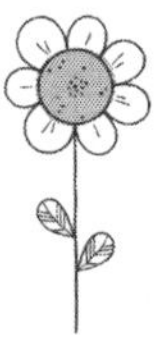

Findest du zu dir selbst und nimmst dich an, so wie du bist, wird sich dein Selbstvertrauen stärken. Dann kannst du alles schaffen, was du dir vornimmst: Die Welt steht dir offen!

2.7 Falls es ganz hart kommt:

Das Notfallkapitel

So, ich kann es kaum glauben, aber wir sind tatsächlich schon hier angelangt: beim Notfallkapitel. Das ist das Kapitel, wenn gar nichts mehr geht und du völlig frustriert oder ziemlich verzweifelt bist. Lass mich dir an dieser Stelle versichern: Ich verstehe dich – besser als du denkst. Auch ich war schon an dem einsamen, traurigen Punkt, an dem du vielleicht jetzt bist, tausendundein genervtes Mal. Trotzdem: Es gibt einen Lichtpunkt in dieser dunklen Stunde, einen hellen Stern am Horizont, der dir Mut machen wird. Sein Name: Hoffnung.

Hoffnung haben heißt, dass nichts verloren ist. Du lebst, atmest, bist – und zwar jetzt in diesem Moment, in dem du dies mit voller Aufmerksamkeit liest. Das zeigt dir, dass du zu jeder Zeit etwas verändern und einen neuen Weg einschlagen kannst. Mache dir bewusst: Du *kannst* ungute Situationen verlassen und bist *nicht* darin gefangen – zumindest nicht auf Dauer! Erinnere dich bitte an den Perfektionismus-Abschnitt 2.5 und den altbekannten Spruch: *„Aus Fehlern lernt man.“* So blöd, wie dieser Spruch klingt, ist er nämlich gar nicht.[227] Fehler sind *auch* dazu da, damit du es in Zukunft besser machst. Fehler können dir zeigen, dass etwas in deinem Leben nicht stimmt und Veränderungsbedarf hat. Fehler sind *Helfer* – wenn auch zugegebenermaßen in einem meist sehr unangenehmen und hässlichen Gewand. Ich weiß nicht, was dir gerade auf der Seele brennt.

Aber ich kenne den Weg, der mir aus solchen scheinbar ausweglosen Situationen immer wieder heraushilft. Es ist der des altbekannten *„Love it, change it or leave it"*. Schauen wir ihn uns näher an.

AUSGANGSPOSITION

Du steckst in einer wie auch immer gearteten, unangenehmen Situation. Du fühlst dich nicht wohl. Du möchtest, dass es aufhört, was immer es ist. Da du feinfühlig bist, kann es sein, dass du …

- öfter als sonst das Bedürfnis verspürst, alleine sein zu wollen,
- bestimmte Menschen oder Orte meidest, weil sie dich zu viel Kraft kosten, oder
- in einer Situation verharrst, die dir nicht guttut, und hoffst, dass sie sich von selbst wieder geben wird.

Im Arbeitsumfeld – wo du praktisch mehr oder weniger gezwungen bist, deine Zeit mit bestimmten Leuten an einem bestimmten Ort zu verbringen – ist so etwas noch sehr viel belastender. Im schlimmsten Fall führt das zu *„einem Leben auf Sparflamme"*.[228] Das bedeutet, du gibst praktisch anderen die Macht, über dich zu bestimmen, und wirst herumgeschoben wie eine Figur auf einem Schachbrett.

Wie fühlst du dich im Job – bestimmst du selbst oder wird über dich bestimmt? Was wäre dir lieber?

Das kann sich auf dein berufliches Fortkommen und deine persönliche Lebenszufriedenheit schädlich auswirken. Damit das nicht passiert, mache dir in jeglicher Problemsituation den eben schon erwähnten Grundsatz *„Love it, change it or leave it“* zu eigen. Er schützt dich davor, zu lange in einer für dich unguten Situation zu verharren, ohne überhaupt zu versuchen, etwas zu verändern. Doch wie geht das? Ich meine: durch ein gründliches *Analysieren* der Situation – was ja normalerweise die Stärke introvertierter Menschen ist.

Spielen wir dein Problem einfach einmal am *„Love it, change it or leave it“*-Beispiel durch:

LOVE IT

„Ach Nicole, wie soll ich diese grauenhafte Situation denn plötzlich lieben?“, wirst du mich jetzt sicherlich fragen. Indem du sie akzeptierst, so rät zumindest Moritz Bauer,[229] erfolgreicher Jungunternehmer und Autor von „Selbstbewusstsein stärken. Das Handbuch“. Der Grundgedanke dabei: Du solltest dir klarmachen, dass die einzige Person, die durch immerwährende schlechte Gedanken oder Grübeleien geschädigt wird, stets *du selbst* bist. Das bedeutet, die *Umwelt* verändert sich nicht, selbst wenn du noch so viel grübelst. Es gibt gemeinhin zwei Wege, die Menschen gehen können, wenn sie mit *Unveränderlichem* (also Dingen, die sie annehmen *müssen*) konfrontiert sind.[230]

Der erste Weg ist der der *schädlichen Anpassung* – ein ziemlich destruktiver Weg. Diesen Weg beschreiten sehr viele Menschen, weil er auf den ersten Blick oder in der momentanen Situation der einfachste ist. Was heißt das konkret? Nun, wir beschweren uns zum Beispiel über den Regen, wenn nach unserer Ansicht die Sonne scheinen sollte. Oder wir sind in einer Firma beschäftigt und schimpfen die ganze Zeit nur über die schlechten Arbeitsbedingungen dort. Im Privatleben kann es sein, dass wir mit unserem Partner die Hölle auf Erden haben, uns aber trotzdem nicht trennen, weil wir Angst haben, was danach kommen könnte. Dabei ist es so: *Dieses ständige Unzufriedensein macht etwas mit uns!* Es saugt unsere Lebensenergie und kostet uns Kraft – Kraft, die wir dringend für unseren Alltag und dessen Verbesserung brauchen würden. Dies können wir sogar Jahre oder Jahrzehntelang so machen, irgendwann jedoch bekommen wir die Quittung und werden vielleicht krank – definitiv aber werden wir nicht glücklich sein. Unser Körper reagiert auf den inneren Widerstand, den wir dauerhaft mit uns herumtragen. Wollen wir das wirklich?

Es gibt noch einen anderen Weg, mit Situationen umgehen zu können, die unveränderlich sind – den des *(späten) Einverstandenseins.* Das bedeutet, ich muss mir auch einmal die Kehrseite der Medaille klarmachen und versuchen, das Gute an der Situation zu sehen. Das heißt zum Beispiel, wenn ich in einer belastenden Jobsituation bin, mir vor Augen zu führen, dass es viele Menschen gibt, die überhaupt keinen Job haben und alles dafür tun würden, *überhaupt* beschäftigt zu sein. Zudem kann ich mir die guten Seiten meines

Jobs vor Augen führen, die bestimmt auch vorhanden sind (Wer suchet, der findet!).

Ein Beispiel von Anette:

„Vor einigen Jahren kam ich neu zu zwei Kolleginnen ins Büro. Die eine war herzensgut zu mir, die andere hingegen hatte an allem etwas zu meckern. Niemals konnte ich es ihr recht machen, alles musste immer so geschehen, wie sie das wollte. Ich litt darunter und konnte ihr am Ende fast nicht mehr in die Augen sehen. Irgendwann beschloss ich, zu kündigen. Zuerst erzählte ich der mir zugetanen Kollegin von meinem Vorhaben. Sie war sehr traurig darüber. Lange unterhielten wir uns dann über die schwierige Kollegin und sie erzählte mir, dass diese vor einigen Jahren ein sehr schlimmes Schicksal erlitten hatte und deswegen so unglücklich war. Sie hatte sich also eine Art Schutzpanzer angeeignet, hinter den nur wenige Personen blicken durften. Als ich das erfuhr, sah ich diese anstrengende Frau plötzlich mit ganz anderen Augen: Sie tat mir leid. Plötzlich beschloss ich, es noch einmal zu mit ihr zu versuchen. Heute bin ich froh darum, denn mittlerweile können wir auf einer neutralen Basis gut miteinander umgehen."

Anette hatte irgendwann verstanden, dass das Ganze gar nicht so viel mit ihr, sondern hauptsächlich mit ihrer Kollegin und deren Problemen mit sich selbst zu tun hatte. Und siehe da: Plötzlich konnte Anette die Situation annehmen, obwohl diese sich nicht wirklich verändert hatte. Lediglich Anettes Blickwinkel hatte sich verändert. Natürlich ist ein solcher Perspektivenwechsel jedoch nicht immer möglich und ein großes Geschenk, das es zu schätzen gilt.

CHANGE IT

Wenn du mit Akzeptanz nicht weiterkommst, ist es eine sehr realistische Option, sich zu fragen, was alternativ *verändert* werden könnte, damit es dir gut geht.[231] Hm, die Situation so verändern, dass sie weniger belastend ist – gar nicht so leicht, oder? Doch wenn dir die Sache wichtig genug ist, wirst du den Mut finden, es zumindest zu versuchen, auch wenn das nicht einfach sein mag. Wie aber kannst du etwas verändern? Das wird dich jetzt vielleicht überraschen, aber die Lösung findest du an einem Ort, an dem du es zunächst wahrscheinlich nicht vermuten würdest: in dir. Sie lautet: Nutze deine dir in die Wiege gelegte Fähigkeit zur Empathie, um Gespräche mit Vorgesetzten oder Kollegen zu führen, ohne sie anzugreifen oder zu verletzen. Versuche einfach, deine Gefühle zu beschreiben, ohne zu bewerten. Das ist etwas, das du ja in diesem Buch schon kennengelernt hast. Denn:

Veränderung in einer belastenden Jobsituation muss nicht immer gleich Kündigung bedeuten.

Manche feinfühlige Menschen schustern sich ihren Job mit der Zeit so zurecht, dass er schließlich zu ihnen passt. Oder aber sie wechseln hausintern auf eine andere Position, reduzieren ihre Arbeitszeit oder eignen sich gänzlich neue Fertigkeiten an. Stecke also in einem klärenden Gespräch deine Grenzen ab, sage, was geht oder nicht geht, und dann warte, was passiert. Reagiert die andere Person mit Ärger und ist beleidigt, dann hast du es wenigstens versucht. Nutze diese

Chance für dich! Vor dem Gespräch reflektiere bitte das Problem anhand dieser Fragen:[232]

- Was genau muss passieren, damit ich vielleicht doch in dieser Stelle bleiben kann?
- Wer könnte mir bei meinem Anliegen helfen und mich unterstützen?
- Was kann ich dazu beitragen, damit die belastende Situation besser wird?
- Was genau sollte verändert werden?

Ein typisches Beispiel einer belastenden Arbeitssituation sind telefonische Unterbrechungen während der Arbeitszeit. Dieses Problem dürfte vielen introvertierten Menschen bekannt sein, im ungünstigsten Fall führt es dazu, dass es sie in ihrer Leistungs- bzw. Konzentrationsfähigkeit hemmt. Ich selbst habe die Erfahrung gemacht, dass ich früher oft gleichzeitig von eingehenden Telefonaten, E-Mails und Kundenanfragen bombardiert wurde. Da fiel es mir schwer, einen Arbeitsgang abzuschließen und mich nicht zu verzetteln. Nachdem ich der Sache einige Zeit missbilligend zugeschaut hatte, führte ich mit meinem ehemaligen Vorgesetzten ein offenes Gespräch. Er war aufgeschlossen, und so vereinbarten wir feste Telefonzeiten sowie bestimmte Termine für (ungestörte!) Klientengespräche. Diese einfachen Maßnahmen steigerten meine Produktivität (und meine Arbeitszufriedenheit) enorm.

Sylvia Löhken empfiehlt bei telefonischen Störungen hingegen dieses Vorgehen:[233] Entscheide zunächst, ob du in diesem Moment überhaupt telefonieren kannst und willst. Falls ja, beschränke die Zeitdauer des Telefonates und halte dich kurz. Das kannst du zum Beispiel mit den Worten: *„Schaffen wir das in 10 Minuten? Danach habe ich leider ein Meeting.“* Durch diese Maßnahme nimmst du Plaudertaschen von vornherein den Wind aus den Segeln und zwingst sie, sich kurzzufassen. P.S.: Das Meeting kann übrigens auch mit dir selbst stattfinden ;-)

Falls du mit dem Anrufer nicht sprechen möchtest, lasse das Telefon läuten und Voicemail oder AB rangehen. Melde dich dann beim Anrufer, wenn es *dir* in den Plan passt oder kläre das Anliegen per E-Mail. Wichtig: Du hast das Recht, auch einmal nicht erreichbar zu sein.

Wenn sich schließlich trotz all deiner Bemühungen dauerhaft nichts ändert und du am Rande eines Nervenzusammenbruchs bist: Nimm deinen Hut, wünsche alles Gute und … (na, was kommt jetzt? Richtig geraten!):

Mach. Die. Düse.

LEAVE IT

Wenn deine Leidensgrenze also tatsächlich erreicht ist und du irgendwann überhaupt keinen Sinn in dieser Tätigkeit mehr siehst, dann tue es. Beende es. Lasse es hinter dir. Du wirst dich danach freier fühlen.[234] Zu gehen sollte trotzdem, wenn möglich, immer die *letzte* Möglichkeit sein, nämlich dann, wenn du die Situation mit all ihren Vorzügen und Ärgernissen nicht akzeptieren kannst oder aber mit all deinen Maßnahmen keine Änderung erzielen konntest. Was ich dir unabhängig davon rate: Wenn du es tust, gehe bitte in Frieden und begegne deinem (bald ehemaligen) Arbeitgeber mit Anstand und Respekt. So ist ein guter Abschluss für beide Parteien möglich. Was noch wichtig ist: Sichere dich bitte vor dem Gehen ab. Weißt du, es gibt nämlich (selbst, wenn du das jetzt nicht glaubst) ein Leben nach Frustjob Nr. 1327, den du gerade in die Tonne kicken willst. Und das soll doch besser werden als das jetzige, oder?

Bei der Absicherung gibt es verschiedene Möglichkeiten. Absichern kannst du dich zum Beispiel, indem du schon vor dem Kündigen nach einer Jobalternative suchst (das konkrete Vorgehen hierzu hast bereits im ersten Kapitel dieses Buches kennengelernt). Die Vorteile: wenig Risiko, finanziell überschaubar, insgesamt ein unkomplizierter und (hoffentlich!) angenehmer Jobwechsel. Erhältst du die Kündigung von deinem Arbeitgeber, sieht die Sache anders aus. Wenn dieser dich kündigt, profitierst du vom einzigartigen Vorteil, dass du unter bestimmten Voraussetzungen Arbeitslosengeld beantragen kannst. Bitte dafür keinesfalls schämen – es ist dein gutes Recht, schließlich hast du genau dafür lange genug in deine Arbeitslosenversicherung eingezahlt! Grundsätzlich immer aufpassen solltest du bei Auflösungsverträgen oder wenn du selbst kündigst. Hier prüft das Arbeitsamt, ob ein wichtiger Grund für die Beendigung des Arbeitsverhältnisses vorliegt und verlangt entsprechende Nachweise. Kündigst du zum Beispiel aus Krankheitsgründen und kannst eine Bescheinigung vom Arzt vorweisen, dürfte dir in der Regel nichts passieren. Allerdings:

Feinfühligkeit ist keine Krankheit!

Deshalb ist Feinfühligkeit sicher *kein* wichtiger Grund für das Arbeitsamt, ein Beschäftigungsverhältnis zu beenden. Bekommst du aufgrund der belastenden Arbeitsbedingungen am Ende jedoch eine (ärztlich bescheinigte) Depression, hingegen schon.

Mir ist bewusst, dass das alles jetzt ziemlich theoretisch war, ich denke jedoch, dass es für dich wichtig ist. Eine genaue Übersicht über die Absicherungsmöglichkeiten und viele weitere Informationen erhältst du auf der Internetseite www.arbeitsagentur.de sowie bei deiner örtlichen Agentur für Arbeit, bei der du dich im Idealfall bitte vor dem Beenden eines Arbeitsverhältnisses erkundigst.

Was ich dir aus persönlicher Erfahrung unbedingt nochmals dringend ans Herz legen möchte:

Gehe bitte nicht, bevor du nicht mindestens einen Versuch gestartet hast, die belastende Situation für dich zu verändern.

Falls du das nicht tust, könnte es sein, dass du dich im nächsten Job plötzlich wieder im selben Sumpf der Verzweiflung wiederfindest – nur mit anderen Protagonisten als denjenigen, die dir jetzt im Moment dein Leben schwer machen. Ich bin fest davon überzeugt, dass wir alle einer belastenden Situation erst mit ganzer Kraft entgegentreten sollten, damit sich das negative Erlebnis in der Zukunft nicht wiederholt. Ansonsten geschieht es wieder und wieder, und zwar genau so lange, bis du die Situation für dich gelöst hast. Deshalb: Spar dir Zeit und Nerven und kick das Problem lieber gleich beim ersten Auftreten mit Hilfe von *„change it“* ins Nirwana.

Egal, für welche Option du dich entscheidest – stehe zu dir und bleibe auf deinem Weg. Nur so bleibst du dir treu und musst dich nicht verbiegen.

3

Quintessenz und Ausblick

3.1 FAZIT:

ICH BIN FEINFÜHLIG UND BRAUCHE ...

Du hast jetzt das Buch durch, wie fühlst du dich? Was konntest du für dich mitnehmen? Ja, es war nicht einfach, ich weiß. Du musstest dich bis aufs Äußerste hinterfragen und manchmal so richtig anstrengen, um Antworten zu finden. Doch ich kann dir sagen:

Dass du dieses Buch gelesen hast, wird sich für dich in der Zukunft lohnen.

Wirklich. Glaube es mir! Ich spreche schließlich aus Erfahrung, da ich in so jedes verfluchte Job-Schlagloch gefallen bin, das es auf dieser großen, weiten Welt gibt. Außerdem habe ich regen Kontakt zu anderen, denen es ebenso erging. Doch in meinem Buch habe ich fundierte Tipps niedergeschrieben, die genau das ins Positive drehen. Ich gebe dir damit eine Art Leitfaden für ein Berufsleben, das dein Herz zum Singen bringt, an die Hand. Trotzdem bist du natürlich ein individueller Mensch mit Vorlieben und Abneigungen, der sein eigenes Ding machen wird. Folgende zusammenfassende Vorschläge sollen dich bei dieser spannenden Herausforderung begleiten:

Solltest du in der Phase sein, dich beruflich neu orientieren zu wollen, gehe zunächst in die Stille und prüfe, wie du mit deiner Feinfühligkeit in deiner weiteren Laufbahn umgehen willst. Kläre, welches Arbeitsmodell du bevorzugst, und suche dir gezielt eine Arbeit, die zu dir passt. Bei anfallenden Entscheidungen berücksichtige sowohl Intuition als auch Verstand und unterziehe beides einem abschließenden „Realitätscheck“. Sagt dein Herz Ja zu einer beruflichen Tätigkeit, gehe mutig in den Bewerbungsprozess und lasse dich nicht von möglichen Krisen, Ängsten oder gar Minderwertigkeitskomplexen überwältigen. Stattdessen vertraue auf deine innere Stärke und Kompetenz. Sollte der neue Wirkungskreis trotz guter Vorbereitung (noch) nicht der passende sein, wirf nicht die Flinte ins Korn. Erkenne stattdessen deine berufliche Entwicklung als (manchmal längerfristigen) Weg an, auf dem du durch Lernen und Erfahrung immer sicherer wirst. Das Ziel, eine Tätigkeit, die du liebst, ist es wert, dafür zu kämpfen – immer.

Befindest du dich in einer beruflichen Situation, die dir Magenschmerzen bereitet, überprüfe, welche Variablen du ändern kannst, damit du dich wieder wohlfühlst (Stichworte: Selbstfürsorge, Abgrenzung, lösungsorientierte Gespräche usw.). Nutze die Möglichkeiten der gewaltfreien Kommunikation und verzichte darauf, perfekt sein zu wollen. Gib lieber dein Bestes, ohne dich mit Perfektionsansprüchen zu überfordern. Falls das alles nichts nützt und du dauerhaft unter einer belastenden Situation leidest, orientiere dich neu. Gehe jedoch nicht, bevor du nicht mindestens einen Veränderungsversuch gestartet hast. Sonst könnte es sein, dass dich das gleiche Problem bei der nächsten Arbeitsstelle wieder erwartet.

Das Wichtigste dabei:

Sei dir deiner feinfühligen Natur bewusst und richte dein Leben danach aus – dann hältst du den Schlüssel für eine vielversprechende Jobzukunft in der Hand.

Führe dir in angstvollen Situationen bitte immer wieder vor Augen: Du bist ein feinfühliger Mensch und kannst nur Erfüllung in einem Job finden, der dich emotional befriedigt und gleichzeitig deine Bedürfnisse berücksichtigt. Du musst dich nicht verbiegen. Denn: Es kommt nicht darauf an, *was* du machst, sondern *wie* du es machst!

Dieses Gedicht von Douglas Malloch zeigt eindrucksvoll, was ich damit meine:[235]

SEI DAS BESTE, WAS IMMER DU BIST

Wenn du nicht Kiefer sein kannst auf dem Hügel,
sei ein Busch im Tal – aber sei
der schönste kleine Busch am Ufer des Bachs.
Sei ein Busch, wenn du kein Baum sein kannst.

Wenn du kein Busch sein kannst, sei ein Büschel Gras
und steh heiter am Straßenrand.
Wenn du kein Hecht sein kannst, sei einfach ein Barsch,
aber der munterste Barsch im See.

Nicht nur ein Kapitän, auch Mannschaft muss sein,
für alle von uns ist Platz.
Viel Arbeit ist zu tun und wenig.
Doch die Pflichten, die wir haben, sind gleich.

Wenn du keine Straße sein kannst, sei nur ein Pfad.
Wenn du die Sonne nicht sehen kannst, so sei ein Stern.
Es ist nicht die Größe, nach der du siegst oder fällst.

Sei das Beste, was immer du bist.

Vergiss bitte nie, egal wie schrecklich deine berufliche Situation gerade ist, du kannst dich jederzeit umentscheiden. Denn nichts in diesem Leben ist endgültig, auch (und gerade!) der Job nicht. Ganz gemäß dem irischen Segenswunsch: *„Mögen die Grenzen, an die du stößt, einen Weg für deine Träume offen lassen.“*

In diesem Sinne: Sei mutig, fange an und forme deine berufliche Zukunft.

3.2 Die beste Version deiner selbst: Eine Vorschau

Es ist Sonntagabend. Vor dir liegt eine Woche, auf die du dich freust. Schon seit längerer Zeit empfindest du deinen Joballtag nicht mehr als belastend, sondern als Teil deines Selbst. Du tust genau das, was du gerne tust, und zwar jeden einzelnen Tag. Du arbeitest in deinem eigenen Rhythmus – mit Leuten, mit denen du dich gut verstehst, oder aber für dich alleine. Wenn dein Körper dir signalisiert, dass du eine Pause brauchst, nimmst du dir sie.

Gibt es Konflikte, kehrst du nichts unter den Teppich, sondern sprichst die Dinge in einer respektvollen und vorwurfsfreien Art an. Du setzt Grenzen, da wo es notwendig ist, ohne andere zu verletzen, denn dir ist an einem guten Miteinander gelegen. Von deinem Umfeld wirst du geschätzt, weil du klar und zentriert deinen Standpunkt vertrittst, ohne unfair zu werden. Du stehst für deine Werte ein und engagierst dich für Schwächere. Dabei drängst du dich anderen nicht auf, vergisst aber auch nicht deine eigenen Bedürfnisse. Herausforderungen stellst du dich mutig und besonnen. Falls nötig, bittest du andere offen, dich zu unterstützen. Auch du wirst gerne um Hilfe gebeten – man schätzt deinen ehrlichen Rat.

Insgesamt bist du ein ausgeglichener, zufriedener Mensch und fühlst, dass du sowohl beruflich als auch privat am richtigen Platz bist. Deine Empfindsamkeit musst du nicht mehr verstecken, sie gehört ganz selbstverständlich zu dir.

Diese Vision ist nicht nur ein Traum, sondern könnte Wirklichkeit werden —

DEINE WIRKLICHKEIT!

Deshalb:
Packe es an. Jetzt.

Vielen herzlichen Dank für deine Aufmerksamkeit und alles erdenklich Gute für dein weiteres Berufsleben.

Deine Nicole

LUCA ROHLEDER

Die Liebe empathischer Menschen

Die Gratwanderung zwischen
wahrer Liebe und seelischen Verletzungen

ISBN 978-3-9817975-8-9

UMA ULRIKE REICHELT

Schnell & sicher ins Burnout

5 Glücksgesetze, die Sie missachten müssen,
um schnell alt, krank und unglücklich zu werden

ISBN 978-3-9818928-4-0

LEILA CHRISTIANE JÄGER
ANETTE KOESTNER

Sprich mit deinem ungeborenen Kind

Mit Meditationstechniken erfahren,
wie es dem Baby geht und was es möchte

ISBN 978-3-9817975-2-7

DENISE SCHÄRICKE

Insidertipps - Onlinedating

Wie Sie Ihre Chancen, die große Liebe im
Internet zu finden, deutlich erhöhen können

ISBN 978-3-9819383-0-2

QUELLENVERZEICHNIS

1 Löhken, Sylvia, Leise Menschen – starke Wirkung: Wie Sie Präsenz zeigen und Gehör finden, 2012, S. 22

2 Vgl. Heintze, Anne, Auf die leise Weise: Wie Introvertierte ihre Stärken erkennen und nutzen, 2016

3 Wehrle, Martin, Der Klügere denkt nach: Von der Kunst, auf die ruhige Art erfolgreich zu sein, 2017, S. 32

4 Vgl. Löhken, Sylvia, 2012

5 ebd., S. 35

6 Vgl. ebd., 2012

7 Aron, Elaine, Sind Sie hochsensibel? Wie Sie Ihre Empfindsamkeit erkennen, verstehen und nutzen, 2005

8 Heintze, Anne, 2016, S. 29

9 Schorr, Brigitte, Hochsensible im Beruf: Wie empfindsame Menschen leben und arbeiten, 2018

10 Tissot, Sandra, Hochsensibilität und die berufliche Selbständigkeit: Wie sich ein Sensibelchen selbstständig machte und seine Lösung für das hochsensible Berufsleben fand, 2017

11 Vgl. Löhken, Sylvia, 2012

12 Hensel, Ulrike, Mit viel Feingefühl: Hochsensibilität verstehen und wertschätzen, 2013, S. 40

13 https://www.zartbesaitet.net/

14 Vgl. Marletta-Hart, Susan, Leben mit Hochsensibilität: Herausforderung und Gabe, 2010

15 Vgl. Harke, Sylvia, Hochsensibilität ist mehr als zartbesaitet. Die 100 häufigsten Fragen & Antworten, 2016

16 Sher, Barbara, 2011, S. 119

17 Harke, Sylvia, 2016

18 Vgl. ebd.

19 ebd., S. 83–84

20 Sellin, Rolf, Wenn die Haut zu dünn ist: Hochsensibilität – vom Manko zum Plus, 2011, S. 32–33

21 Vgl. Harke, Sylvia, 2016

22 Sellin, Rolf, 2011, S. 35

23 Dettmer, Markus und Tietz, Janko, Vernetzt in den Wahnsinn, 2012, Nr. 1, S. 43

24 https://www.nachrichtenspiegel.de/2010/08/25/der-ideale-arbeitnehmer/

25 https://www.meinweg-deinweg.de/blog/item/die-berufung-fuer-hochsensible-interview-mit-autor-luca-rohleder.html

26 Vgl. Schwartz, David, Denken Sie groß! Erfolg durch großzügiges Denken, 2017

27 https://www.rochusmummert.com/aktuelles/presseinformationen/P25/

28 www.kommmitmensch.de

29 Vgl. Schwartz, David, 2017

30 Vgl. Hensel, Ulrike, 2013

31 https://aok-bv.de/presse/pressemitteilungen/2018/index_20972.html

32 Vgl. Galli Zugaro, Emilio & Stöhr, Jannike, Ich bin so frei: Raus aus dem Hamsterrad – rein in den richtigen Job, 2018, Kap. 10

33 Sher, Barbara, Ich könnte alles tun, wenn ich nur wüsste, was ich will, 2011, S. 42

34 Schorr, Brigitte, 2018, S. 114

35 Heintze, Anne, 2016, S. 106

36 ebd., S. 110

37 https://www.meinweg-deinweg.de/blog/item/die-berufung-fuer-hochsensible-interview-mit-autor-luca-rohleder.html

38 Hensel, Ulrike, 2013

39 https://www.stephan-lang.com/hochsensibilitaet/

40 Birner, Monika, Kurswechsel im Beruf: Erfolgreicher sein, sich nicht mehr verbiegen Neuorientierung in der Lebensmitte, 2008, S. 46–47

41 Harke, Sylvia, 2016, S. 95

42 Vgl. Harke, Sylvia, 2016

43 Vgl. Galli Zugaro, Emilio & Stöhr, Jannike, 2018

44 https://www.bernd-slaghuis.de/karriere-blog/frust-im-job/

45 Bergner, Thomas, Burnout-Prävention. Erschöpfung verhindern – Energie aufbauen. Selbsthilfe in 12 Stufen, 2016

46 https://www.meinweg-deinweg.de/blog/item/die-berufung-fuer-hochsensible-interview-mit-autor-luca-rohleder.html

47 Vgl. Wengenroth, Matthias, Das Leben annehmen: So hilft die Akzeptanz- und Commitmenttherapie (ACT), 2013

48 ebd., S. 208–209

49 ebd., S. 218

50 ebd.

51 Wengenroth, 2012, zitiert nach Wengenroth Matthias, 2013, S. 218

52 https://www.bernd-slaghuis.de/karriere-blog/frust-im-job/

53 https://www.meinweg-deinweg.de/blog/item/persoenliche-werte-wertvoll-oder-wertlos.html

54 Vgl. Märtin, Doris, Leise gewinnt: So verschaffen sich Introvertierte Gehör, 2014, S. 74

55 Marletta-Hart, Susan, 2010, S. 171

56 Hensel, Ulrike, 2013, S. 191

57 Vgl. Birner, Monika, Kurswechsel im Beruf: Erfolgreicher sein, sich nicht mehr verbiegen, Neuorientierung in der Lebensmitte, 2008

58 Marletta-Hart, Susan, 2010, S. 173

59 Rohleder, Luca, Die Berufung für Hochsensible: Die Gratwanderung zwischen Genialität und Zusammenbruch, 2017, S. 144

60 https://www.meinweg-deinweg.de/blog/item/die-berufung-fuer-hochsensible-interview-mit-autor-luca-rohleder.html

61 Vgl. Marletta-Hart, Susan, 2010

62 Betz, Robert, Willst du normal sein oder glücklich? Aufbruch in ein neues Leben und Lieben, 2011, S. 184

63 Vgl. Marletta-Hart, Susan, 2010

64 https://www.meinweg-deinweg.de/blog/item/balance-mind-bogenschiessen-eine-methode-die-dich-zu-dir-selbst-fuehren-kann.html

65 Hayden, Gene C., Bleib dran, wenn dir was wichtig ist: Die Kunst, Zweifel zu überwinden und Ziele konsequent zu verfolgen, 2013

66 Hensel, Ulrike, 2013, S. 192

67 Vgl. Löhken, Sylvia, 2012

68 https://www.manpowergroup.de/neuigkeiten/studien-und-research/studie-jobzufriedenheit/

69 Wringham, Robert, Ich bin raus! Wege aus der Arbeit, dem Konsum und der Verzweiflung, 2016, S. 33

70 Hüther, Gerald & Hauser, Uli, Würde: Was uns stark macht – als Einzelne und als Gesellschaft, 2018

71 Kitz, Volker, Die 365 Tage-Freiheit: Ihr Leben ist zu wertvoll, um es mit Arbeit zu verbringen, 2012, S. 31

72 Hensel, Ulrike, 2013

73 https://www.gesetze-im-internet.de/tzbfg/

74 http://www.hochsensiblepersonen.com/warum-hochsensible-die-gefahr-der-eigenen-komfortzone-unterschaetzen/

75 Vgl. https://www.fuer-gruender.de/existenzgruendung-planen/selbststaendig-machen/nebenberuflich-selbststaendig/

76 Vgl. Löhken, Sylvia, 2012

77 Vgl. Kitz, Volker, 2012, S. 73

78 Hensel, Ulrike, 2013

79 Vgl.https://www.fuer-gruender.de/existenzgruendung-planen/selbststaendig-machen/nebenberuflich-selbststaendig/

80 Tissot, Sandra, 2017

81 https://www.meinweg-deinweg.de/blog/item/hochsensibilitaet-und-die-berufliche-selbstaendigkeit-interview-mit-autorin-sandra-tissot.html

82 Gesundheit durch Wissen Nr. 2/2007, S. 36–39

83 Kitz, Volker, 2012

84 https://www.bmas.de/DE/Themen/Arbeitsrecht/Teilzeit/Teilzeitmodelle/teilzeitmodelle.html

85 https://www.nettolohn.de/

86 https://www.fuer-gruender.de/

87 https://www.minijob-zentrale.de/DE/00_home/node.html?gclid=EAIaIQobChMIm5_x17HD4QIVF-J3Ch1OuwAhEAAYASAAEgKK2fD_BwE

88 Wringham, Robert, 2016, S. 260

89 Fletcher, Adam, Wir können auch anders. Wie man falsche Jobs gegen echtes Glück eintauscht 2015, S. 107–108

90 ebd., S. 114–118

91 https://www.meinweg-deinweg.de/blog/item/hochsensibilitaet-und-die-berufliche-selbstaendigkeit-interview-mit-autorin-sandra-tissot.html

92 Vgl. http://www.einfachbewusst.de/2015/01/einfaches-leben/

93 ebd.

94 Löhken, Sylvia, 2012

95 https://www.beobachter.ch/arbeit/beruf-introvertiertheit-als-karrierekiller

96 Vgl. Doben, Brian & Kretz, Sebastian, „Nichts zu tun", Geo Wissen 2018, Nr. 62, S. 63–71

97 Vgl. Wehrle, Martin, 2017

98 Burns, David D., Feeling Good – Depressionen überwinden und Selbstachtung gewinnen. Wie Sie lernen, sich wieder wohlzufühlen, 2011, S. 267

99 Vgl. Galli Zugaro, Emilio & Stöhr Jannike, 2018

100 Hüther, Gerald & Hauser, Uli, Würde: Was uns stark macht – als Einzelne und als Gesellschaft, Kapitel: Weshalb brauchen wir eine Vorstellung von unserer Würde?, 2018

101 Bolles, Richard Nelson, Durchstarten zum Traumjob: Das Handbuch für Ein-, Um- und Aufsteiger, 1999

102 Vgl. Löhken, Sylvia, 2012, S. 72

103 Vgl. Wehrle, Martin, 2017, S. 193

104 Vgl. ebd., S. 49

105 Vgl. https://www.palverlag.de/lebenshilfe-abc/minderwertigkeitsgefuehle.html

106 Vgl. Bohus, Martin & Wolf-Arehult, Martina, Interaktives Skills Training für Borderline-Patienten, 2009, S. 196

107 Harke, Sylvia, 2016

108 Vgl. Löhken, Sylvia, 2012, S. 48

109 Bolles, Richard Nelson, 1999, S. 29

110 Vgl. Löhken, Sylvia, 2012, S. 60

111 Vgl. Wehrle, Martin, 2017

112 https://www.iab.de/de/informationsservice/presse/presseinformationen/kb1817.aspx

113 Vgl. Wehrle, Martin, 2017

114 Vgl. Galli Zugaro, Emilio & Stöhr, Jannike, 2018

115 Wehrle, Martin, 2017, S. 210

116 Vgl. Rottmann, Verena S., Legale Bewerbungstricks. Geschickt antworten auf unzulässige und unbequeme Fragen; Lücken im Lebenslauf kaschieren, 2007, S. 36–37

117 Vgl. Wehrle, Martin, 2017, S. 197

118 Vgl. Löhken, Sylvia, 2012

119 Vgl. Rottmann ,Verena S., 2007

120 Bolles, Richard Nelson, 1999, S. 250

121 Harke, Sylvia, 2016

122 Wehrle, Martin, 2017, S. 195

123 Bolles, Richard Nelson, 1999

124 Vgl. Heintze, Anne, 2016

125 Vgl. Rottmann, Verena S., 2007

126 Vgl. Heintze, Anne, 2016

127 ebd., S. 96

128 Vgl. Wehrle, Martin, 2017

129 Vgl. Heintze, Anne, 2016

130 Vgl. Schwartz, David, 2017

131 Vgl. Löhmer, Cornelia, Standhardt Rüdiger, Timeout statt Burnout. Einübung in die Lebenskunst der Achtsamkeit, 2014

132 Vgl. Märtin, Doris, 2014

133 Vgl. https://medlexi.de/Reiz%C3%BCberflutung

134 Vgl. Harke, Sylvia, 2016

135 Löhmer, Cornelia & Standhardt, Rüdiger, 2014, S. 27

136 Vgl. Simon, Claus Peter, Das Burnout-Syndrom: Wie eine „Aufwärtsspirale in den Abgrund führt, Geo Wissen 2011, Nr. 48, S. 56–57

137 Vgl. https://www.burnout-info.ch/burnout_symptome.htm

138 Gesundheit durch Wissen Nr. 2/2007, S. 39

139 Vgl. Märtin, Doris, 2014

140 Harke, Sylvia, 2016, S. 49

141 ebd., S. 175

142 Burns, David D., 2011

143 Vgl. https://www.kloster-wuelfinghausen.de/schalenichtkanal.html

144 Schorr, Brigitte, 2018, S. 153

145 Gesundheit durch Wissen Nr. 2/2007, S. 37

146 Vgl. Marletta-Hart, Susan, 2010, S. 63

147 Schorr, Brigitte, 2018, S. 154

148 Vgl. Wehrle, Martin, 2017

149 Vgl. Löhken, Sylvia, 2012

150 http://www.hochsensiblepersonen.com/hochsensibilitaet-10-tipps-die-dich-im-alltag-vor-reizueberflutung-schuetzen/

151 Vgl. Allen, Elkin, Erfolgreiches Stressmanagement für Dummies, 2011

152 Vgl. Schorr, Brigitte, 2018, S. 155

153 Vgl. Marletta-Hart, Susan, 2010

154 Vgl. Sellin, Rolf, 2011

155 ebd., S. 114

156 Vgl. Hundt, Patrick, Kopfsache. Liebe den Introvertierten in dir, 2014

157 Vgl. ebd.

158 Marletta-Hart, Susan, 2010

159 http://www.hochsensiblepersonen.com/was-schlaf-mit-stressabwehr-zu-tun-hat/

160 Vgl. Heintze, Anne, 2016

161 Vgl. ebd.

162 Vgl. https://www.zeitblueten.com/news/achtsamkeitsuebungen/

163 Vgl. Hensel, Ulrike, 2013

164 Vgl. Löhken, Sylvia, 2012

165 Harke, Sylvia, 2016, S. 69

166 Vgl. https://www.planet-wissen.de/natur/forschung/spiegelneuronen/index.html

167 Vgl. Harke, Sylvia, 2016

168 Vgl. Sellin, Rolf, 2011

169 Vgl. https://umgang-mit-narzissten.de/mobbing-am-arbeitsplatz/

170 Vgl. Sellin, Rolf, 2011

171 Vgl. Hensel, Ulrike, 2013

172 Vgl. Sellin, Rolf, 2011

173 Hensel, Ulrike, 2013

174 Vgl. https://www.everyday-feng-shui.de/schwierige-menschen-28-09-2010/

175 Vgl. Wehrle, Martin, 2017

176 Vgl. Sellin, Rolf, 2011

177 Vgl. Wehrle, Martin, 2017, S. 291

178 Becker, Irene, Everybody's Darling, Everybody's Depp: Tappen Sie nicht in die Harmoniefalle! 2009

179 Vgl. ebd.

180 Vgl. ebd., S. 173–176

181 Vgl. ebd., 2009

182 Wardetzki, Bärbel, Blender im Job. Vom klugen Umgang mit narzisstischen Chefs, Kollegen und Mitarbeitern, 2015

183 https://umgang-mit-narzissten.de/

184 Vgl. Wehrle, Martin, 2017

185 Strauch Silvia Christine, Meine Hochsensibilität positiv gelebt: Persönliche Einsichten aus einem langen, bewegten Leben, 2016

186 Vgl. Märtin, Doris, 2014

187 Vgl. Wehrle, Martin, 2017

188 Vgl. Harke, Sylvia, 2016

189 Vgl. Hensel, Ulrike, 2013

190 ebd., S. 29

191 Vgl. Wehrle, Martin, 2017

192 Vgl. Herrmann, Susanne, Huhn, Gerhard, Backerra, Hendrik & Lazzeri, Giovanni, Selbstbestimmt arbeiten – Bausteine und Methoden, 2007

193 Vgl. Fey, Gudrun, Gelassenheit siegt! Mit Fragen, Vorwürfen, Ärger und Angriffen souverän umgehen, 2009, S. 77

194 Galli Zugaro, Emilio & Stöhr Jannike, 2018, Kap. 5

195 Rosenberg, Marshall B., Gewaltfreie Kommunikation: Eine Sprache des Lebens, 2010

196 https://de.wikipedia.org/wiki/Gewaltfreie_Kommunikation

197 ebd.

198 Vgl. De Haen Nayoma, Viktoria & Hardieß, Torsten, Gewaltfreie Kommunikation, 2015, S. 64–65

199 Vgl. https://www.absolventa.de/karriereguide/rhetorik/aktives-zuhoeren

200 Rosenberg, Marshall B., Gewaltfreie Kommunikation: Eine Sprache des Lebens, 2010, oder Rosenberg, Marshall B., Konflikte lösen durch Gewaltfreie Kommunikation: Ein Gespräch mit Gabriele Seils, 2004

201 Vgl. Heintze, Anne, 2016

202 Vgl. https://karrierebibel.de/perfektionismus/

203 Vgl. Koch, Richard, Das 80/20-Prinzip: Mehr Erfolg mit weniger Aufwand, 2015

204 Vgl. Burns, David D., 2011

205 Heintze, Anne, 2016, S. 128

206 Vgl. Stahl, Stefanie, Das Kind in dir muss Heimat finden. Der Schlüssel zur Lösung (fast) aller Probleme, 2017

207 Vgl. Burns, David D., 2011

208 Heintze, Anne, 2016, S. 129

209 Vgl. Brahm, Ajahn, Die Kuh, die weinte: Buddhistische Geschichten über den Weg zum Glück, 2007

210 Vgl. https://karrierebibel.de/perfektionismus/

211 Vgl. Lelord, François, Hector und die Kunst der Zuversicht, 2018, Kapitel: Hector und die Brille von Pauline

212 Heintze, Anne, 2016

213 Kitz, Volker, 2012, S. 83

214 Vgl. Wehrle, Martin, 2017

215 Vgl. https://www.palverlag.de/Selbstvertrauen-Info.html

216 Vgl. Harke, Sylvia, 2016

217 Vgl. Wehrle, Martin, 2017

218 Schnack, Natalie, Leise überzeugen: Mehr Präsenz für Introvertierte. Der Ratgeber für Alltag und Beruf, 2014, S. 25

219 Harke, Sylvia, 2016, S. 27

220 Heintze, Anne, 2016

221 Peseschkian, Nossrat, Der Kaufmann und der Papagei: Orientalische Geschichten in der Positiven Psychotherapie, 1998, S. 130

222 Vgl. Löhken, Sylvia, 2012

223 Vgl. Wehrle, Martin, 2017

224 Löhken, Sylvia, 2012

225 Vgl. Sincero, Jen, Du bist der Hammer!: Hör endlich auf, an deiner Großartigkeit zu zweifeln, und beginn ein fantastisches Leben 2013, S. 69

226 Wehrle, Martin, 2017

227 Vgl. https://tomoff.de/5-schritte-aus-fehlern-zu-lernen/

228 Vgl. Löhken, Sylvia, 2012, S. 79)

229 Bauer, Moritz, Selbstbewusstsein stärken. Das Handbuch, 2012

230 Vgl. Bergner, Thomas, 2016, S. 97–98

231 Vgl. Bauer, Moritz, 2012

232 Vgl. https://www.silke-loers.de/2018/05/love-it-fragen-veranderung/

233 Löhken, Sylvia, 2012, S. 148

234 Vgl. Bauer, Moritz, 2012

235 Malloch, Douglas, o. D., zitiert nach Carnegie Dale, Sorge dich nicht – lebe! 2001, S. 186